JN109438

Sense of Ownership

仕事の成果が上がる「自分ごと化」の法則

アサヒバイオサイクル株式会社
代表取締役社長
Noriko Chibayashi
千林紀子

有隣堂

ブックデザイン　宮澤来美（睦実舎）
図版制作　株式会社ウエイド
図版原案　著者（出典明記のないもの）

はじめに　――楽しく働いて成果を出したいあなたへ

「一生懸命やっているのに、成果が出ない」
「仕事は楽しいけれど、先が見えない感じがする」
「うまく同僚や上司の理解を得られない」

会社などの組織で働いていると、ふと、こんな気持ちになることがあります。しかし、これはあなたの能力が低いせいでも、会社や職場の誰かが悪いせいでもありません。ちょっとした〝気づき〟によって、まるで見え方が変わるはずです。

それが、この本で提唱する「自分ごと化」という考え方です。

「与えられたミッションを達成すればいい」
「自分の仕事はきちんとやったから、業績悪化は会社のせい」

「同僚や他部門の仕事には、興味がない」

あなたの頭のなかに、こんな考えが浮かぶことはありませんか？　これは「自分ごと化」とは真逆の「他人ごと」の考え方と言えるでしょう。仕事と向き合う姿勢は個人の自由ですが、会社もやはり社会集団であり、自分一人では何もできません。周囲の様々な人たちと良好な関係が構築できてこそ、より良い生活や人生が送れるのだと思います。

しかし自分以外の人間とは、当然ながら様々なギャップが存在します。性別、年齢、世代、所得差、主義、思考、国籍から、人種や宗教などまで、すべてがまったく同じ条件の人はこの世に二人といません。

「自分ごと化」とは、こうしたギャップを埋めるために自ら行動することだと思っています。私自身もつねに難しさを覚えていますが、「相手の存在」を理解し、想像し、共感していくことから始める必要があります。

人間は相手そのものになることはできません。しかし一歩踏み込んでコミュニケーションをとり、相手の立場に立って想像し、「共感」を軸として接していけば、仕事の上でも良好な回転が始まるはずです。

企業経営に置き換えれば、ステークホルダーとの「利害関係性」を良好に保つことは欠かせません。企業にとってステークホルダーとは、株主、従業員、顧客、取引先であることはもちろん、地域社会や行政にまで広がります。そのなかで働く自分が、企業内外の様々なステークホルダーとのギャップを埋める「自分ごと化」された能動的な活動をすれば、より良い成果を上げることができるはずです。

しかし「ギャップを埋めるための行動や活動」は、すぐに実行に移せるほど簡単ではありません。日々の生活や仕事を通じて、「自分ごと化」トレーニングを意識的に行なっていくことが何より重要だと考えます。

とくにデジタル技術、ＡＩ（人工知能）の進展、長引くコロナ禍やロシアのウクライナ侵攻の影響など、世界中で格差や分断が広がっています。近年、こうした先行き不透明で不確実な時代を、ＶＵＣＡ（ブーカ）と呼んできました。Volatility（変動性）、Uncertainty（不確実性）、Complexity（複雑性）、Ambiguity（曖昧性《あいまい》）の頭文字から造られた言葉です。そして、直近ではもはやＶＵＣＡな状態が一時的なことではなく、スタンダードとして受け入れなければならない時代になりつつあります。ギャップも溝《みぞ》もさらに深まっている現在だからこそ、私たち一人一人が「自分ごと化」によって、身近なところからギャップを埋めていく行動が必要になっています。

私は、一九九〇（平成二）年にアサヒビール株式会社に入社し、現在はアサヒグループホールディングス傘下《さんか》のアサヒバイオサイクル株式会社の社長を務めていま す。入社四年前の一九八六（昭和六一）年に男女雇用機会均等法が施行され、アサヒビールの「大卒事務系女性総合職第一期」の社員として入社しました。第一期が極めて少人数の採用でしたので、本格採用の初代となります。

「女性総合職」とあえて表現する必要があるほど、女性が男性社員と同じようにビールメーカーの営業現場を担当し、同じように目標数字を持って活動するなど、酒類業界ではなかなか考えられないような時代でした。ただ新人で配属になった営業部門の上司が「自分ごと化」の権化《ごんげ》とも言える人で、その後もメンターと言える何人かのキーマンに出会い、指導を受けて試行錯誤していくなかで、「自分ごと化」について、ある確信のようなものを自分なりに持てるようになりました。

ちなみに「他人事」は『広辞苑』などの老舗《しにせ》の辞書にありますが、「自分事」はほとんど載っていません。近年では、オーナーシップ（当事者意識）を説明する上で、Web媒体などでは「自分ごと化」がよく用いられるようになりました。なので、今回は「自分ごと」「他人ごと」と「事」をひらがなとし、「他人事」は「ひとごと」と読む方が一般的ですが、「たにんごと」と読みたいと思います。

本書は、これから会社の中核を担っていく二〇～三〇代、とりわけ女性のビジネスパーソンや、その先輩・上司となる方の参考になればという願いを込めて書きました。まずは私の新入社員時代の経験や、そのときの〝気づき〟の話から始めてみたいと思います。

新入社員からベテランへ、管理職から経営者へと歩んできた拙《つたな》い経験から得たものが、読者のみなさんに何らかの〝気づき〟を提供し、「楽しく働いて成果が上がる」仕事につながる一助となれば、著者としてうれしい限りです。

Sense of Ownership

仕事の成果が上がる「自分ごと化」の法則◎目次

第3章 「自分ごと化」は世界で通用する

2 「自分ごと化ビジネスモデル」で動く　88

3 逆境から世界で成果を上げた社員たち　95

第4章 「自分ごと化」を身につけるために

1 「自分ごと化」をカタチにする 110

2 ヒットの法則と「自分ごと化」 120

第6章　多様性時代の組織と個人のキャリア

第1章

「自分ごと化」は、人を動かす原動力

Sense of Ownership

Sense of Ownership

1　社会人初の上司は「自分ごと化」の権化

□ 業績急拡大後の「女性総合職」大量採用

私が新入社員として入社した当時のアサヒビール株式会社について、まず簡単にご紹介します。

アサヒビール株式会社は、戦後まもない一九四九（昭和二四）年、日本最大のシェアがあった大日本麦酒株式会社が過度経済力集中排除法（一九四七年施行）で分割となり、設立されました。一九五四年から一九六〇年までは業界二位のシェアでしたが、一九六一年に三位になって以降は低下傾向が続き、一九八〇年代前半からは四位転落寸前になります。一九八五年には国内ビール販売量シェア九・六％というどん底にありました。

「かつての名門」を建て直すべく、当時の村井勉社長は徹底した現場主義と社員との対話で社内をまとめ、一九八六（昭和六一）年一月にＣＩ（コーポレート・アイデンティティ）を導入し、ロゴマークを現在の「Asahi」に変更します。二月にはヒット商品「アサヒ生ビール（当時の開発記号・マルエフ）」を発売し、三月にはメインバンク時代の後輩だった樋口廣太郎《ひろたろう》新社長が就任します。

二人の社長によるリレーで牽引《けんいん》された社内改革により、翌一九八七年三月に大ヒット商品「アサヒスーパードライ」が発売され、経営状態は驚異的に回復します。一九八八年にはシェア二〇・六%で業界二位に返り咲き、翌年にはシェア二五%を達成します。

長期低迷後の急激な成長によって、社内すべての部門に早急な人財確保とその即戦力化が求められました。将来の経営を支える人財の育成が急務になったのです。

世の中がバブル景気による新規労働力リソース（資源）減少のなか、一九八六年施行の「男女雇用機会均等法」によって、職場の前面に女性が出てきます。

アサヒビールでは当時、マーケットレディという女性パートタイマーが、店頭マーケティング活動や情報収集部隊として活躍していました。

樋口社長は女性の戦力化をより前進させるため、

「平成二（一九九〇）年から三年間で、大卒の女性社員（総合職）五〇〇名を採用する」

と発表し、マスコミで話題になりました。新人事制度を導入し、男女とも能力主義で評価し、工場内の職種別区分を撤廃するなどの改革に着手します。

一九九〇年四月に入社した私は、三年間にわたる女性総合職の「大量採用の初代」ということになります。男女あわせて大卒総合職が二五六名入社し、うち一一〇名ほどが女性でした。女性は、総合職のサポート業務を行なう「一般職」採用が大半だった当時の日本の企業文化のなか、法律が施行されたとはいえ、総合職採用の半分近くが女性というのは思い切った改革でした。

今では浅草のランドマーク的存在になり、観光客にも人気のアサヒグループ本社ビルは、一九八九年にアサヒビールの創業一〇〇周年を記念して建設されました。この場所は、業績低迷のどん底で一九八五年に売却した吾妻橋《あずまばし》工場跡地であり、業績回復が見えたおよそ三年後に買い戻し、新本社ビルを建設したのです。私は、この社屋での入社式の初代でもありました。

大卒女性事務系総合職は全員、「全国転勤あり、営業職に配置」と面接時に言われていました。営業職に就《つ》くことや、全国転勤がない大卒女性一般職との違いを明確にする理由もあったようです。神奈川県出身の私ですが、大阪支社に配属になりました。

大阪支社は東京と並ぶ大支社で、新人の女性総合職から二〇名ほどが配置されました。支社の傘下には一〇前後の支店や部があり、二名程度ずつが配属されました。男性営業職は全国の隅々まで配属されましたが、女性総合職への教育体制が整っていなかったため、営業教育に適した大都市の支社が中心でした。

大阪はアサヒビール発祥の地で、前身である大阪麦酒会社は大阪府吹田市《すいたし》で創業しています。国内でも比較的シェアが高く、業績低迷時にもアサヒビールを粘り強く推奨《すいしょう》してくださっていたお客様の多い地域です。その分、急成長を遂げた会社としては、慎重な対応が必要なエリアと言われていました。

□ 大阪での最初の上司は「新宿の帝王」

当時の大阪支社は、全体を統括する支社長の下、A副支社長（府下支店統括）、B副支社長（大阪市内・特殊業態統括）が営業組織を二分して束《たば》ねていた状況でした。支社内の支店・部には総勢二〇〇名超の営業担当が配置されていました。

大阪はシェアの高い重要市場と位置づけられ、大阪支社の規模はもちろん、創業の地ゆえの難しさから、全国の支社でも優秀な幹部が任されることで知られていました。

最初についた上司は、私と同じ大学出身のA副支社長でした。当時四八歳くらいだったと記憶しています。かつて激戦区の新宿界隈《かいわい》でアサヒビールのシェアを飛躍的に伸ばし、「新宿の帝王」のあだ名で呼ばれていました。営業の長としても剛腕で知られた、現場たたき上げの幹部です。

とはいえ熱血漢なだけでなく、マーケティングや経営に関する知識も深く、上司として「最後まで部下を守り抜く」と宣言し、厳しさと愛情を持って部下を指導し、弱小営業組織を活性化させる天才と言われていました。

当時、全国的に大量入社の若手営業が配置され、各エリアの支社が教育に注力していたなかで、際立って教育熱心な人物として知られていました。

とくに、
①若手人財の即戦力化
②男女平等による女性営業の戦力化
③若手育成による将来を支える人財ストック
の三点が自身のライフワークだと話されていました。**「アサヒマンは、心のこもった行動に徹する」**という信念で、「大胆」「剛腕」ながら、「繊細《せんさい》な気配り」の人でもありました。

当時のアサヒビールの新入社員は、入社直後から人事部の集中研修を経て、ゴールデンウィーク前後から各エリアで研修になります。私は大阪支社に赴任し、約二カ月間、いくつかの支店や特殊営業部門（法人や大口消費母体などを担当）で二週間程度ずつ、先輩同行などの営業研修を受けました。

その後、研修期間の勤務状況で適性を見て「ドラフト会議」が行なわれ、七月に特定の支店・部に仮配属されます。その後さらに約二カ月間、同じ部署で腰を据えて教育を受けた後、九月に本配属が決まるのです。

A副支社長は、五〜九月にわたる研修期間、人財育成を「自分ごと」として多くの時間を費《つい》やし、新入社員の研修に熱心に取り組んでくださいました。

先輩同行の後、あるいは座学研修の後、夕刻に私たち新人を集めて、直接、副支社長がオリジナル研修で指導をされるのです。A副支社長自身がVIP顧客との会食、大手外食企業訪問などで夜も多忙なのにもかかわらず、その隙間《すきま》時間でかなりの頻度《ひんど》で直接研修をしてくださいました。

また、A副支社長は管理職の単身赴任寮で生活されていましたが、休日には、寮生活をしている新入社員の心身の状態を心配して、手料理を振舞う会などを度々企画してくださいました。公私もなく、できる限りの時間を部下の成長のために費やされる姿から、仕事への向き合い方について私は強く影響を受けました。

当時は「自分ごと化」という言葉で考えてはいませんでしたが、本来は部下まかせでいい新入社員に直接指導を続けたA副支社長こそ、「自分ごと化」の権化であったと今にして思います。

□「ロールプレイング」と「女性営業の戦力化」

A副支社長の研修で、とりわけ徹底的に指導を受けたのは「ロールプレイング」です。ロールプレイングは「役割演技」と訳されますが、A副支社長が取引先になり、訪問先で聞かれそうなことを模擬演習します。ご自身がもっと小さな組織の長だった頃から、ずっと継続してきた部下の営業担当への指導法だそうです。

ロールプレイングによって、新人でも実際の現場での対応力が身についていきます。新入社員を集め、同期の仲間が見ている前で行なわれるので、「恥をかきたくない」という思いもあり、その場しのぎではなく、ふだんから一生懸命に交渉術を磨くようになります。

この演習で学んだことを現場で繰り返すことで、お客様の実情にあった提案ができるようになり、買っていただける営業スキルが身についていきました。また、臨機応変な対応ができるようになり、「営業現場を自分が仕切っている」という「当事者意識」で仕事に臨めるようになります。この**当事者意識の芽生えこそ、「自分ごと化」への出発点**でした。

またA副支社長が新人教育で力を注いだのは、「女性営業の戦力化」でした。大規模市場を抱える大阪支社と東京支社には、各二〇名程度の新人女性営業が配置されましたが、当初、双方の支社の女性営業の新人教育方針は、まったく異なっていました。

大阪支社では、男女の営業にほぼ同じ条件で担当を持たせました。東京支社は、先輩男性ブラザーとのペア営業が多く、とくに接待や夜の飲食店訪問は女性単独では行かせませんでした。セクハラなどを未然に防止する観点です。もちろん大阪支社でも女性であるがゆえに物理的に難しい場合には、必要なフォロー、サポートは適宜入れてもらえました。

のちに、東京と大阪の違いはそれぞれのスタディをもとに「いいとこ取り」され、折衷《せっちゅう》したやり方になっていきます。女性の現場営業を受け入れる側としても、初めての経験なので試行錯誤した結果ですが、相対的には思い切って任された大阪支社の方が、当時は女性営業の離職が少なかったように思います。

A副支社長は「新人女性営業も即戦力になる」と誰よりも信じて、私たちの営業日誌を本社に回すなど、全社的にも発信されていました。自分が考えて行動し、成果が会社に周知されるとなれば、やりがいが違います。

こうした指導によって、大阪支社での私は、新人の女性でも担当市場では「アサヒの代表」という気概と責任感を持って臨むことができ、営業成績でも次第に結果を出せるようになりました。

またA副支社長は、新人女性社員にも「接待」について細かく指導されました。「どうせお金を使うなら、生きた金を使え、死に金にするな」がモットーで、

「お客様に時間をいただくなら、徹底して相手が喜ぶことを考えろ」

と繰り返し教わりました。

会場の選び方、会場側への配慮（酒類メーカーとして）、事前下見のチェックポイント、料理・飲み物への気配り、お土産《みやげ》の選び方、送迎の段取り、席順、上司に入れるべき事前情報の必須内容など、非常に事細かなもので、私自身のちにそこで学んだ内容をベースに部下向けにマニュアルを作成したほどです。今振り返っても「相手の立場にたった、心のこもった接遇」とは何かを、細やかな指導のもとに学ぶことができた貴重な機会だったと思います。

□「自分ごと」として、部下を守り抜く

営業マナーには様々なものがありますが、私が受けた指導で印象的だったのは、冠婚葬祭のマナーです。

得意先の慶弔《けいちょう》ごとには、新人の女性社員だろうと会社の代表として出席させられました。「アサヒビール」は「ア」で始まるので、たいてい「トップバッター」で

挨拶や儀式の作法に臨まなければなりません。

地方独特の作法もあり、マナー本の常識では通用しない場合もあります。新社会人がもっとも失敗しやすい部分には事前の指導があり、先輩の得意先の葬儀には必ず同行で出席し、勉強するようにと教育されました。

各種の慶弔ごとは、お客様との関係性を強くもするし壊しもする、非常に繊細なところがあります。些細《ささい》な失礼が、長年の関係性に亀裂を入れてしまうかもしれません。だからこそ相手の心に寄り添い、最大の準備と努力が必要なのだとA副支社長から教育されました。

実際に本配属を経て営業の主担当になった直後、大手のお客様の葬儀がありました。地元の市会議員も務める名家だったので、たいへん大きな会場での葬儀でした。他社の若い営業は管理職と来ていましたが、当社では私だけが参列者です。各企業の代表焼香《しょうこう》があり、マイクで「アサヒビール御代表殿」と言われ、新入社員の女性営業である私が最初に焼香に出たときには、ものすごく緊張しました。

ところがそれ以降、参列した同業者や地域のお客様方の対応が変わり、一人前扱いしてくださるようになったのです。A副支社長が冠婚葬祭を非常に重視し、細かく指導してくださった本当の意味が、このときよくわかりました。

また、持ち物や身だしなみについても、心に刻まれた指導がありました。

入社祝いに親からもらったブランド物の高級腕時計をしていた男性同期に、A副支社長は「プライベートならいいが、仕事中はやめた方がいい」とアドバイスされたのです。お客様は薄利多売《はくりたばい》の商品を販売され、我々はそこからの利益を頂戴している立場。

「お客様の気持ちに立てば、仕事もまだ十分でない新人が高級腕時計をして注文を取りに来たら気分が良くないのではないか？」

というのが理由です。

そして新入社員にも、当社の事業構造、ビールを販売することでのPL（粗利、限界利益、営業利益など）の理解を促進する教育も同時に続けられました。

「お客様目線でのTPOに合った服装・持ち物を心がけよ」

とA副支社長は繰り返し話されました。

他にも、お客様が瞬時に判断できるサポートになるツールを「三種の神器《じんぎ》」のようにつねに携帯せよという指導もありました。たとえば、当社商品の自販機の設置をお願いするのであれば、スペースが充分かどうかのサイズ感が一目でわかるように、同じサイズのオリジナル型紙を作って持ち歩くなどです。こうした小道具の用意があれば、それだけでお客様の「検討時間」を節約でき、競合他社との差がつきます。

「部下の業績が上がらないのは、上司が放置しているからだ」

A副支社長はこうした信念のもと、「部下を絶対守り抜く」と部下指導・育成に全身全霊で打ち込まれたのです。そのメンタリティの背景には、会社の業績が苦しかった時期、早期退職制度で辞めざるを得なかった仲間への思いがあるのだと聞きました。

部下を同じ目に遭《あ》わせたくない。だから時に厳しく指導もするが、とにかく守りたい。部下指導を「他人ごと」ではなく、まさに人生の「自分ごと」として取り組まれた素晴らしい方でした。

こうして一年数カ月にわたってご指導いただいたA副支社長は、私たちの配属の翌年、病に倒れ、東京本社に戻られたのち、亡くなられました。

最近、手元に残っていた三二年前の講義CDを聞き返しました。ここでご紹介したことを、懐かしい声で熱く語っておられます。社会人初の上司として、A副支社長の薫陶《くんとう》を受けられたことは幸運であり、本当にありがたく感謝に堪《た》えません。少しでもその存在に近づけるようでありたいと、私は今でも強く願い続けています。

Sense of
Ownership

2 初めて管理職になる君に

□ 部下は上司を三日で見抜く

アサヒビール株式会社の管理職登用試験に合格したのは、二〇〇〇（平成一二）年四月、三二歳のときです。事務系総合職初の女性管理職になりました。

当時はバブル入社世代が管理職になる年齢に差しかかり、年功序列での管理職登用が難しくなって、管理職試験の導入が各企業で始まっていました。一九八六年の男女雇用機会均等法以降に入社した女性たちも、それに含まれています。

当社では「スーパードライ発売後＝バブル世代」であり、男女総合職大量採用組に対する管理職登用試験に踏み切りました。人事考課による飛び級受験も含め、一九八八〜一九九〇年入社の三年間に採用された世代が主な受験対象でした。

記憶は定かではありませんが、七〇名程度受験していたなかで、事務系女性総合職は私と同期の女性の二名だけでした。同期の男性はおそらく二〇名以上受験していたと思われます。入社時の男女比が六対四程度でしたから、ずいぶん少ないと言えます。結婚や出産などのライフイベントによる離職もありましたが、これが当時の企業で働く女性の現実だったように思います。

女性の活躍推進を狙ってなのか、試験のケーススタディ問題に、「初めて管理職になった女性課長が抱える組織課題とその解決策」とありました。終了後、一緒に受験した先輩や同期から、「お前のための問題だ」と散々からかわれた覚えがあります。

何とか合格したものの、最初は現状の仕事のままのいわゆる「部下なし管理職」からスタートしました。業務が「ブランドマネージャー（スーパードライ）」だったので、ブランディング戦略のプロジェクトリーダーとして、メンバーや外部パートナーと連携する職務でした。

昇格辞令をいただいた日、私の所属していたマーケティング本部の隣の営業本部長が、「初めて管理職になる君に」という手書きの心構え書をくださいました。事務系総合職初の女性管理職なので、激励の意味を込めてとのことでした。

拝読して驚いたことに、「女性ならではの」とか「女性だから」といった言葉は一切なく、ご自身の経験から得た「リーダー」としてあるべき姿などが男女の区別なく記述されていたのです。

貴重な内容が多く、中間管理職にとって役に立つアドバイスが数多くありました。そのなかでも強い印象とともに、今でも心に刻んでいる言葉を紹介します。

「メンバー（部下）に嫌われたくないと考えていないか？　見せかけの優しさになっていないか？　真の愛情をわかっているか？」

「**グループの性格はリーダーの性格が映し出されている**のだ。部下は上司を選べない。**部下は上司を三日で見抜く**」

心構え書をくださった営業本部長は、全国のアサヒビールの営業組織を束ねるトップです。私からすれば雲の上の人ですが、隣のマーケティング本部所属の新任管理職へも心配りをする人格者であることに衝撃を受けました。リベラルアーツへの造詣《ぞうけい》も深く、社内でも尊敬を集めていた人物です。現在はすでに引退され、若者の活躍推進の後押しや、地域社会貢献の仕事をされています。

「初めて管理職になる君に」は、今でも大切に読み返しています。この営業本部長もまた、すべてを「自分ごと」として考え、実践されていました。

□ ビールの営業なのに日本酒の器を探し出す

私はマーケティング本部の所属ながら、営業本部長の仕事ぶりからも多くを学びました。その営業スタイルは、お客様の「ここ一番」のときを「自分ごと」として

LTV（Life Time Value／生涯顧客価値）の概念図

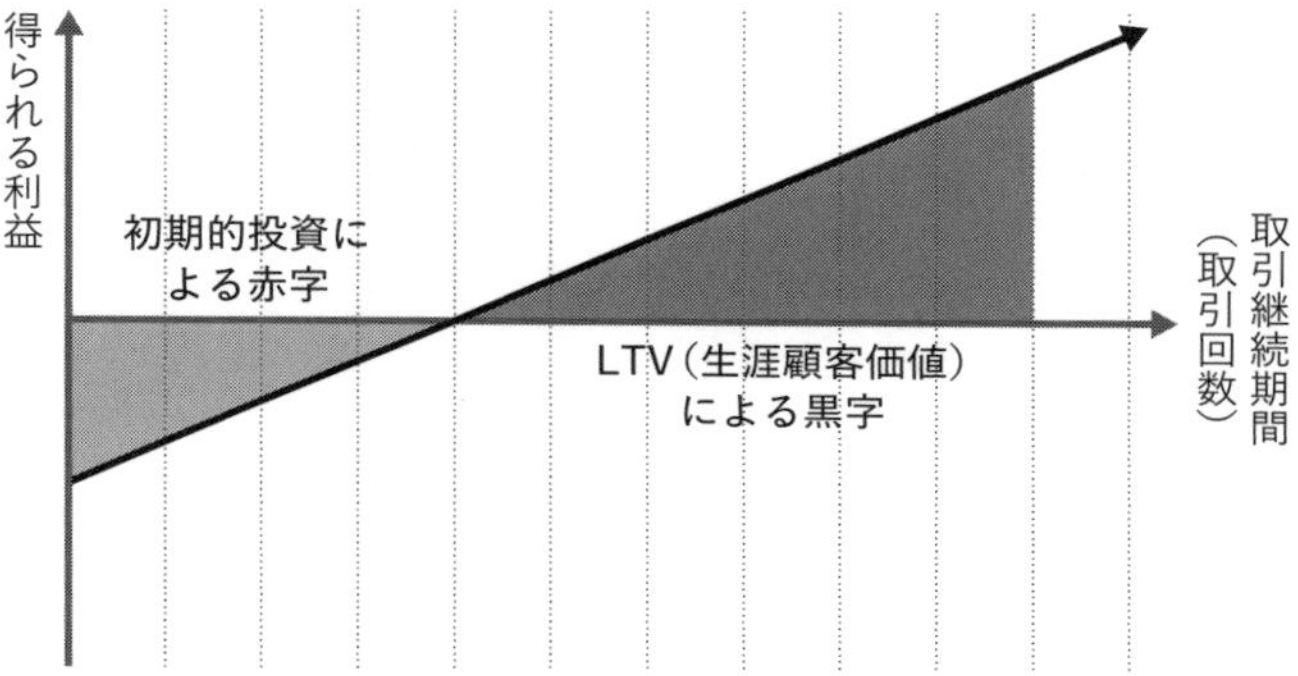

捉え、その課題解決にお役立ちできるよう徹底して努力することです。

その結果、お客様から「営業担当が替わっても一生アサヒを使う」と言っていただく信頼を勝ち取り、長期取引につながるという考え方です。つまり、営業本部長は「生涯顧客価値（LTV：Life Time Value）を獲得できる営業」を実践されていたのです。

LTVは、経営戦略やマーケティングでよく使われる考え方です。新規顧客を獲得するには、宣伝活動などに大きなコストがかかります。せっかく獲得した顧客とも取引が一回限りで終われば、会社が得られる利益も少なくなります。しかし、顧客との信頼関係を築き、長期の取引が続けば、獲得費用を回収することも、継続的な利益を生むこともできるという考え方です。

当時、ＬＴＶの考え方はまだ広がっていませんでしたが、営業本部長の仕事は、意識しなくてもＬＴＶを獲得する営業でした。「結果を出す営業の根本」は、昔から変わらないということでしょう。

具体例を挙げます。創業九〇年の東京都内にある老舗の焼き鳥店のお客様です。お店のご主人が全国を訪ね歩き、地域の珍しいこだわりの地鶏やジビエ（野生の鳥獣の食肉のこと）などの食材を仕入れ、絶妙の焼き加減で提供する名店です。現在は御子息の代ですが、その味や伝統は変わらないクオリティです。

この焼き鳥店では、ずっと変わらずに、日本酒の器は「特注の錫《すず》の器」を使用しています。他の器と飲み比べてみると、錫の器に入れたときのまろやかさは格別です。錫には浄化作用や殺菌作用があるとされ、水や酒の味をまろやかにすることで知られています。なかでもこのお店では、「錫のなかの錫」と言われるこだわりの器を使っていました。

営業本部長がまだ営業担当だった時代、その錫の器が入手できなくなったそうです。日本酒メーカーの営業担当に聞き、酒販店なども探しましたが、同様の器はどうしても手に入らないと言うのです。

話を聞いた営業本部長は、日本酒はまったく関係のないビールの営業であるにもかかわらず、お店の一大事とのことで、全国を隈《くま》なくあたり、関西方面の某所から同製造元の器を探し出したそうです。

あまりの熱意に、お店のご主人は大感激され、それ以降、そのお店ではアサヒビールで扱っているカテゴリーの酒類はすべて、アサヒの製品を揃《そろ》えてくださっています。

何代営業担当者が替わろうとも、その後も取引はずっと継続していただいています。「生涯顧客価値」を獲得した典型的な実践例だと思います。

□お店の開業への徹底したお役立ち

東京の北部で創業され、都内の名だたる一等商業地に、十数店舗を構える高級日本料理店があります。すべてのお店のコンセプトや店名が異なるため、同一企業の経営であることはあまり知られていません。

全国の日本料理店の子弟を預かって修業させ、数年にわたり料理人として教育した後、家業に戻すという活動もされており、テレビのドキュメンタリー番組にも度々取り上げられました。

こちらの社長は、修業を終えて若くして独立されたのですが、当初は開業の資金

調達など で様々な御苦労をされたそうです。当時、担当営業所長だった本部長は、お店の料理や接客の確からから将来性を確信し、日頃から親しくしていた地元の銀行を紹介するなど、様々なサポートに誠心誠意尽力したそうです。

そこまで助けてくれた取引先はなかったと「一生の恩義」に感じた社長は、アサヒビール製品のみならず、代々の営業担当者まで何かと気にかけてくださいます。さらに、修業に来ていた弟子のみなさんが全国の実家のお店に戻られる際にも、アサヒビール製品を扱うように推奨してくださっています。

「初めて管理職になる君に」という手書きの書は、そのような営業本部長が御自身の経験から学んだリーダーとしての知見や心構えを記したものなのです。いただいてから二〇年以上も経《た》ちますが、古びない普遍的な内容だと考えています。

ビジネスにおいては、**お客様の課題や困り事に対し、「自分ごと」と受け止めて行動する**と、結果「生涯顧客価値（ＬＴＶ）」を得ることができるのです。

ここに書かれた考え方は、社内組織のなかで「自分ごと」としてチームメンバーに向き合えば、「メンバーの生涯価値」を高め、結果的には組織力を高めることにつながることを示唆《しさ》しているのではないでしょうか。

その後、部長職になって以降、どの部門を担当しても、「初めて管理職になる君に」に自身で学んだことを加味し、部下にリーダー研修をしています。当然、社長になった現在もそれを続けています。

私自身も、教えをつねに「自分ごと」として忘れないために、また怠《なま》けないために、部下に伝えることで繰り返し頭にインプットしています。そして何より、各セクションのリーダーたちに、「自分ごと」として仕事を受け止め、メンバーに接するようになってほしいのです。

Sense of Ownership

3 「自分ごと化」でまとまる組織とは

□ アサヒ飲料に出向し、基幹ブランドのV字回復に成功

二〇〇二（平成一四）年、私はアサヒ飲料株式会社に出向になりました。

アサヒ飲料は、一九九六年にアサヒビール飲料子会社三社が合併し、アサヒ飲料株式会社として誕生しました。三ツ矢サイダー、ウィルキンソン、カルピス（二〇一二年、カルピス社がアサヒグループに加わる）など、一〇〇年以上の歴史のあるロン

グセラーブランドを複数保有しています。

一九九九年には東証一部に上場したものの、直後から業績低迷に苦しんでいました。上場から三年の二〇〇二年には連続赤字による債務《さいむ》超過《ちょうか》寸前になり、下手をすれば上場廃止の危機も迫っていました。

のちにアサヒグループホールディングスのCEOを歴代務めることになる二名を含む、五名の役員が親会社のアサヒビールから送り込まれました。同時に、マーケティングのテコ入れが急務とのことで、宣伝担当としての同僚と、ブランド商品企画担当としての私が一緒に出向となったのです。

当時のアサヒ飲料の社員は疲弊していました。同じ吾妻橋本社ビルのなかで、かたや前年にビール業界シェア一位になったアサヒビールと、主力ブランドがことごとく苦戦し、赤字に陥《おちい》っているアサヒ飲料の対比は衝撃的なものでした。賞与の支給もままならず、子供の塾代が負担だと言う新しい同僚に対して、かける言葉もありませんでした。

そうしたなかで私は、「親会社からマーケティング部門テコ入れのために出向してきた」と事前に周知されていたため、「お手並み拝見」という空気感があり、関連部門の人たちの言動もかなり厳しいものがありました。

着任時に言い渡されたミッションは、「販売数量がピーク時から半減し、店頭から姿を消しつつあった主力ブランドのV字回復のマーケティングプランを、二週間以内に経営会議の承認を得て、流通プレゼンで定番復帰を勝ち取るように」というものでした。じつはそれまで、何案ものマーケティングプランが経営会議で却下《きやっか》され、八方塞《はっぽうふさ》がりの状態だったようなのです。

全社の年間マーケティング投資の四割程度をかけているブランドだったので、非常にタイトなスケジュールでの途方もないミッションでした。しかし、もはや戦う気力も残っていない疲弊しきった周囲を見るにつけ、「出向したばかりで気力・体力が有り余っている私がやらずにどうする」という使命感が湧《わ》いてきました。

何とか経営会議を予定通りにクリアし、その後、営業と一緒に毎日のように流通顧客に通い詰めて、主要チェーンすべてで定番として採用していただき、かつてないパワーマーケティング施策で、年間売上が前年比一七〇%というV字回復を果たしました。今振り返っても、人生でこれほど働いた時期はないように思います。

これにより関連部門も含めて、アサヒ飲料に仲間として受け入れてもらえたように思います。「出向初日から、ものすごいハイテンションでプランニングしている変な人」というのが私の第一印象だったと後から聞きましたが、当時の相当切羽詰《せっぱつ》まっていた私の事情もまた理解してくれました。

□「自分ごと」で仕事を進める際の注意点

仕事を「自分ごと」として積極的、能動的に進めていく際、「仕事相手との適切な距離感」を測れるか否かで、仕事の成果は大きく変わってくると思います。

たとえば、前述のマーケティングプランを経営会議の席で役員に対してプレゼンをする際の適切な距離感は、親会社から新たに派遣されたマーケッターとして、本業務に対して主体的でありつつも、客観的で冷静な視点が必要です。当時のアサヒ飲料の経営会議役員が、業績に対して非常に責任を感じていたなかで、私が「自分ごと」として取り組むにしても、思いが先走った提案は歓迎されません。むしろ客観的で「冷静な提案」を求めていたと思われます。

一方、社内メンバーに対して計画を説明する際は、「相手の苦しい状況を理解し、共存共栄する」という姿勢が必要です。たとえ出向初仕事であったとしても、「部門の継続的な流れを引き継ぐ代表者」としての責任感を示すのです。親会社から突如落下傘《らっかさん》で降りてきたように出現し、「他人ごと」のように客観的に語られては、同僚の心に響くことはないでしょう。

アサヒ飲料に出向して半年ほどすると、主力ブランドの一部には販売に明るい兆《きざ》しが見えてきました。しかし、あまりのハードワークで組織が疲弊していた上、上司のマーケティング部商品企画セクションの組織長に対し、社内各所からの風当たりは相当厳しい状況が続いていました。

そうしたなか、その上司が突然体調を崩して長期療養に入り、職務から離脱することになりました。急遽《きゅうきょ》、私がピンチヒッターを務めることになり、それまで部下なし管理職だったのが、いきなり三〇名以上の組織のライン長になったのです。

親会社からの出向者でいまだ組織に十分馴染《なじ》んでいたとは言えず、組織長の経験もない上に、アサヒ飲料でも初の女性ライン長です。メンバーや関連部門の人々の不安は、大変なものだったのではないかと思います。

□ 自分だけ頑張っても組織は回らない

業績的にもう後がない追い詰められた状況だったので、一つ一つの商品戦略や施策には絶対に失敗は許されませんでした。

当然、一か八《ばち》かのようなギャンブルを試みる余裕はありません。すべての施策について、手堅い投資効率で丁寧に、当たる商品を供給し、利益を積み上げることが必要でした。

組織を任された当初は、使命感とともに不安も大きかったのですが、当初はこれまで自分の仕事を支えてくれたハードワークで乗り切ろうとしました。「自分さえ死ぬ気で頑張れば大丈夫だろう」と考えていたのです。

ところが組織長としての日々が始まると、それがすぐに大いなる勘違いであることを思い知りました。そんなことでは、組織は回らないのです。

数名の小組織ならばいざ知らず、三〇名程度のメンバーがいる組織では、効率的に組織運営しないと業務スピードが落ちるばかりです。幸い、数名のユニットで仕事を進めることは以前からしていたので、核となるリーダーを決め、一定の権限を委譲《いじょう》して、アジャイル型で業務を行なうことに切り替えました。

アジャイル型のアジャイルとは、「素早い」「機敏な」という意味で、業務組織を小さな単位に分け、クイックにトライ&エラーをしながら成功確率を高めるなかで、業務プロセスのサイクルを回す手法のことです。小ユニットで仕事を回していくので、部門長が一元的に業務の細部まで管理しなくてすみ、想定になかった変化にも素早く柔軟に対応できます。

このような権限委譲とアジャイル型による組織マネジメント手法は、「米海軍式」とも言われ、旧日本軍の敗北の一因ともされる「絶対的トップダウン型」組織マネジメントとの比較で説明されることもあります。

このとき一番難しかったのは、**「他人に任せる怖さ」**という**「意識の壁」**を打ち

旧日本軍式の組織マネジメント
（絶対的トップダウン型）

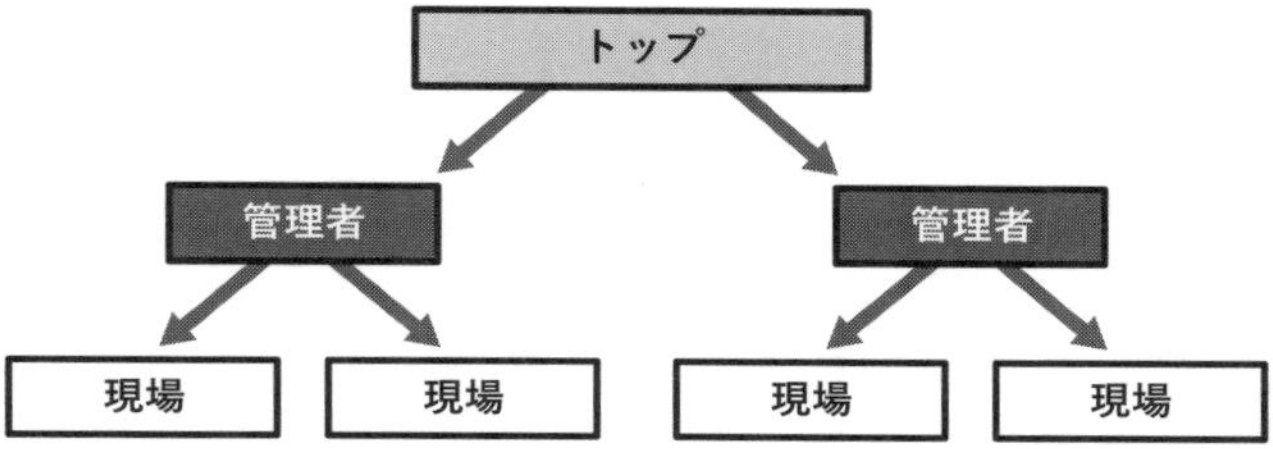

□現場からの情報がタイムリーに得られず、また、一方向の偏った情報になりがち。
□状況判断や対応に遅滞やミスが起きやすく、リカバーが難しい。
□現場では全体状況がわからず、自立した判断はできない。

米海軍式の組織マネジメント
（権限委譲＆アジャイル型）

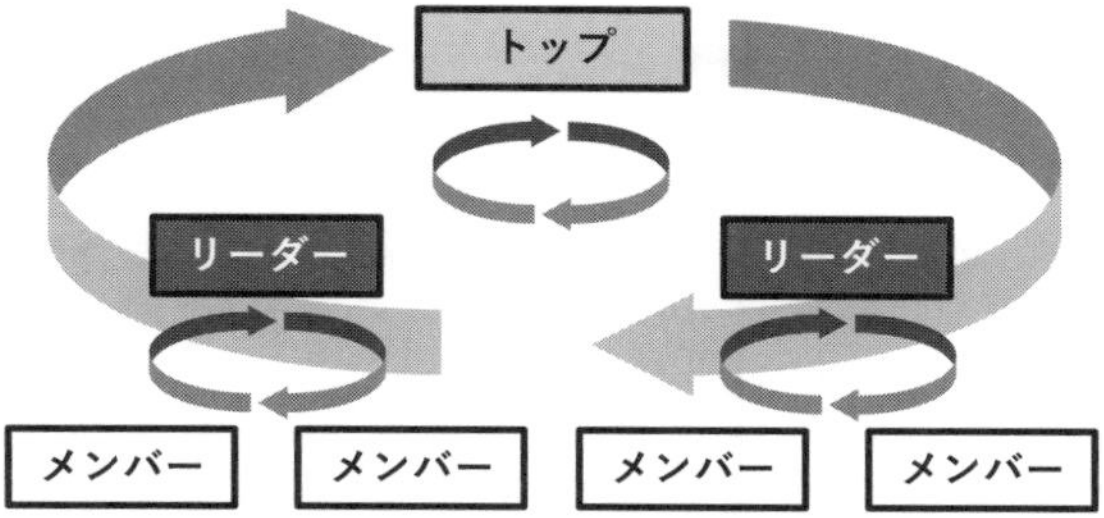

□小ユニットによる素早い意思疎通により、適切な状況判断と方針決定が可能。
□アジャイル型のフレキシブルな業務プロセスで、失敗してもリカバーしやすい。
□チームメンバーとしての自立的・自発的な参画。

破ることでした。

□ トラブル対応で実現した「自分ごと化」

リーダー就任直後のこと、「正しい権限委譲」の大切さを実感する事件が起こりました。包装容器のラベルに表示ミスがある商品が出荷され、流通段階での製品回収と代替商品の緊急製造を行なうことになったのです。

一刻を争う事態であり、膨大な業務を最速のスピードで一斉に進めていく必要がありります。緊急対応時に起きやすい二次被害を防ぐために、正確性も確保しなければなりません。この一連の対応の要所要所の確認や作業判断について、早期リカバーのためにキーパーソンを配置して権限委譲し、任せる必要がありました。

そのためには、万一のことがあった場合のリスクがどの程度かを予測し、セーフティネットを用意しておくことが大切だと考えました。

このような危機下では、対応にあたるメンバーが「自分ごと」として動くことが何より重要です。そのために、リスクの度合いや及ぼす影響などを腹落ちしてもらえるように十分に情報を共有し、表示ミスをしたメンバーだけの問題ではなく、リカバーを組織全体で行なう必要性を説明しました。

この一連の対応に関して、メンバーの動きは見事でした。トラブルの影響を最小限に抑えることができ、最初からリカバーも何もなかったかのようなスピードでやり遂げられたのです。

組織メンバーは、再発防止のための原因追及はしましたが、誰一人ミスを犯した個人を責めることなく、チーム全体の危機をまさしく「自分ごと」として対応してくれたのです。

ライン長になったとき、権限委譲に臆病《おくびょう》になっていた自身の心配が、つまらないものだったと反省しました。権限委譲してトラブルがあった場合、「組織の代表として、心から当事者意識を持って関係者の方々に謝罪できるか」も不安でしたが、現実には杞憂《きゆう》でした。誰を責めるでもなく、「自分ごと」として対応するメンバーの姿に、私自身も自《おの》ずと「自分ごと」として心から謝罪することができたのです。

ライン長になりたてでこの出来事を経験し、メンバーの強い使命感や「自分ごと化」して物事に取り組むことの大切さを痛感しました。新しい組織の一体感のようなものも生まれました。

このときのアサヒ飲料のチームメンバーとは三年半ほど仕事をし、三つの主力ブランドのV字回復に成功しました。会社全体の業績も回復し、成長軌道に乗ってきました。当初疲弊していた組織メンバーも、元気を取り戻し、仕事にリズム感、ドライブ感が出てきました。

ロングセラーブランドは、ブランドメンテナンスが欠かせません。アサヒ飲料の一〇〇年を超える複数のブランドを支えているのは、間違いなくこのマーケティングメンバーの強い「自分ごと化」精神だと思っています。

□周囲を巻き込み、思いを伝播させる力

二度目のアサヒ飲料出向でマーケティング組織の部長職を務めた後、二〇一一(平成二三)年七月、アサヒフードアンドヘルスケア株式会社(AFH、現アサヒグループ食品株式会社)の食品事業部門のマーケティング部長職として出向になりました。

AFHは、二〇〇二年にアサヒビール食品株式会社、アサヒビール薬品株式会社が合併して誕生し、翌二〇〇三年にポーラフーズ株式会社も統合しています。菓子、健康機能食品、医薬部外品、調味エキスなどの製造・販売を手掛け、タブレット菓子「ミンティア」、サプリメント「ディアナチュラ」など、様々な食品カテゴリーで高いシェアを持っています。

出向のミッションは、マーケティング組織の新設と体制整備、成長が足踏みして

いた主力ブランド群を再成長させることにありました。当時のＡＦＨは、複数の会社が合併して誕生したため、各事業部門の独立性が高く、機能部門との連携に課題がありました。

ちなみに「事業部門」とは営業やマーケティングなど、事業収益（ＰＬ／損益計算書）に責任を持つ部門、つまり直接事業を行なう部門のことです。一方「機能部門」とは、生産・物流など、複数の事業部門を機能的に横串《よこぐし》で支援する部門です。

出向して一週間も経たない頃、北関東の大雨で河川が氾濫《はんらん》し、販促品の倉庫が浸水被害を受けました。しかも運の悪いことに、機能性食品の新発売にあわせて、販促什器《じゅうき》に新商品をセットアップした状態で出荷するキャンペーン品を大量に準備してあったのです。

すでに流通の販売スペース確保も決定しており、発売と同時に広告投入も行なう新商品です。発売は翌週に迫っており、リカバー製造しても間に合いません。無事だった出荷できる製品の数量を確認し、綱渡りで供給をつなぎながら、追加のリカバー製造をしていく必要がありました。

被害状況を早急に確認する必要がありますが、現地倉庫会社は他にも多くの被害を受け、思うように情報が得られません。北関東の被災現場に直接出向いて、その場で出荷判定をすることにしました。

アサヒビール、アサヒ飲料では、このような場合に機能部門がバックアップする体制がありましたが、AFHは販促倉庫に関することは事業部門一任でした。品質保証やロジスティクス（原材料の調達から生産・販売までの物流を一括管理する）の専門機能を持たない事業部門体制であったので、その縦割りの考え方に無理がありました。

出向早々で、組織間の状況も把握していないなかでのいきなりの危機でしたが、とにかく自分たちで対応するしかありませんでした。販促担当のメンバーと一緒に現場に赴くと、倉庫入口付近に積み上げられたセット品の下部が水に浸かってボロボロになっていました。しかし、物流ラックの上部に積まれた六割程度の製品は大丈夫そうだったので、別の場所に移送して全数検品作業を行ないました。

その後、需給調整で流通在庫を偏在させなければ、何とか初期出荷は乗り越えられる算段がついたのです。

じつは、このとき一緒にこの綱渡りの対応にあたったメンバーも、私と同時に一週間前に別の部署から異動してきたばかりで、素人《しろうと》同然の状態でした。ただ彼は、営業現場から来ただけあって、流通顧客と営業担当に絶対迷惑をかけられないという使命感で、この危機を「自分ごと化」して対応してくれました。

この一件の処理後、機能部門がリカバー製造に奮闘してくれたのですが、後で聞いた話では、「事業部が当事者意識を持って専門外のことに対応していたので助けたいと思った」とのことでした。のちに「現実にそぐわない慣例的な組織縦割り」は見直そうという動きになり、機能組織の役割拡充や事業部門との連携強化など、社内の組織改革が進むきっかけの一つであったように思います。

仕事を「自分ごと化」して進めることは、周囲を巻き込む力になり、その思いは周囲に伝播《でんぱ》すると信じています。この事例が示すように、**「自分ごと」として仕事に取り組めば、組織の壁を乗り越え、改革を進める原動力ともなり得る**のです。

第2章

待っていても「仕事」は来ない

Sense of
Ownership

Sense of Ownership

1 やりたい仕事をやるために

□東京本社に異動初日の衝撃

第1章で、新人営業として約三年半大阪支社で勤務したことを書きました。

私は元来、器用な性質ではなく、エンジンがかかるのは遅かったものの、二年目からはまるで初めて自転車に乗れたときのように、顧客との人間関係も構築できて営業成績が急激にアップしました。

販売予算の達成率や一斉キャンペーンの受注などでは、大阪支社全体でも上位に入ることが増えてきて、三年目になると「営業が天職ではないか」と思えるほど楽しく働いていました。

サラリーマンの異動は、だいたいそういう時期に発生します。お客様の半分は女性なのに、マーケティング担当に女性がいないのはおかしいという社長の号令で、営業総合職の女性の中から誰かを異動させることになりました。後で聞いた話ですが、私の営業日誌を社長が読んで「面白かった」というのが理由で声がかかったようです。

一九九三（平成五）年九月、大阪支社からアサヒビール東京本社のマーケティング部商品開発課に異動になりました。

商品開発課には同期の男性と一緒に配属になったのですが、業務説明を受けて愕《がく》然《ぜん》としました。男性同期は最初から商品開発の担当だったのですが、私には庶務《しょむ》の仕事と課内の補佐的な事務作業が割り振られたのです。

上司からは、初めての女性総合職であり、「一般職の女性社員との間で、最初から仕事に差をつけたら、軋轢《あつれき》になるかもしれない」と、私が働きにくくならないための配慮だと説明を受けました。

大阪支社では、「総合職は営業」「一般職は内勤」と業務の区分が明確になっていましたが、本社は総合職も一般職も内勤のため、全国転勤の有無という採用コースは違っても、どのように業務の区別をしたらよいか処遇に困ったようでした。

根本をたどれば、「女性＝庶務・補助業務」という「性別役割」の慣習や認識が、当時は根強く存在していたことによりますが、今ならば考えられません。

これを「アンコンシャス・バイアス（無意識の偏見）」と言い、あれから三〇年以上を経た今なお、社会での大きな問題として注目されています。これについては、第6章で詳しく述べます。

数年後に一般職は廃止され、現在では全国転勤社員と地域限定社員の区分だけが残っています。当然ながら性別による仕事の差はなくなりました。

異動初日の帰路、本来やる気に燃えていて良いはずなのに、地下鉄に乗った瞬間に、涙があふれて止まりませんでした。悔しかったのか、悲しかったのかは、よく憶えていません。

大阪の営業では男性と対等に仕事をさせてもらったし、頑張った分、評価もしてもらえました。お客様からも一人前に扱っていただき、異動する際には大いに激励を受けて東京本社にやってきたのです。自分から異動希望も出していません。こんなことなら、大阪でもっと営業をしていたかったと、そのときは思わずにはいられませんでした。

□ 与えられた業務をしっかりやることから始まる

帰宅してから、落ち着いて考え直してみました。学生のときも、社会人になっても、苦しいときにはいつも母の教えを思い出します。幼稚園の頃には、何かともたもたしていて、工作なども時間内で仕上げられない子どもでした。

参観日のとき、友達がみな工作を完成させて親と帰宅していきます。私はやり終わっていませんでしたが、そろそろ帰ろうと支度《したく》を始めると、母から派手に叱られました。

「器用にできなくても、諦《あきら》めずにできるまでやりなさい。いつか早くなるし、上手にできるようになるから」

それからずっと、困難に直面すると、「諦めずにできるまでやりなさい」という母の声が聞こえてくるのです。

まずは、「与えられた業務をしっかりやって、商品開発を任せてもらえる信頼を得よう」と気持ちを切り替えました。

それから半年ほどで、与えられた補助業務は自立して回せるようになっていたと思います。課内の雰囲気が安定していたので、上司も何も問題を感じてはいなかったはずです。

一方で同期の男性の開発業務を横目で見ながら、相変わらず悔しさとあせりは拭《ぬぐ》えませんでした。このままでは一生補助業務かもしれないと、つねに心理的な不安も抱えていました。

このとき強烈に思ったのが、「このまま待っていても、商品開発の仕事は回って来ない」ということです。その思いに駆られ、私は**与えられた業務のかたわら、「新商品企画書」をつくって提案してみよう**と思いました。

一九九五年（平成七）年に発売された「アサヒ生ビール黒生」は、このときの提案から生まれたものです。それまで業務用で年間二〇万ケース程度の販売量であった黒ビールを、家庭用のパッケージ商品としてリポジショニングして新発売し、一年間で五〇〇万ケース以上を販売し、ヒット商品となりました。

その後、競合各社も追随したため、家庭用濃色ビール市場が形成されていきました。これなどはビギナーズラックではありますが、「商品開発をやりたい」という強い思いが原動力になったのは間違いありません。

当時は、マーケティング用語で「バラエティーシーカー」と呼ばれる、ビールに様々な楽しみを求める消費者層が増えている時期でした。新商品は必要でしたが、一方で絶好調のスーパードライとカニバリゼーション（共食い現象）を起こしては元も子もありません。

「ビヤレストランでジョッキの黒ビールを飲む人は多いのに、家庭ではほぼ皆無。なぜだろう？」「『黒』ければ家庭用に発売してもスーパードライとカニバラないし、絶好なのでは」という素人丸出しの発想からの企画でした。

それから様々なマーケティング書や消費データの解析、市場調査などを独自に進めて、見様見真似《みようみまね》で提案書をつくり上げました。

□ やりたい仕事をするには、能動的に動くこと

たまたま、その年の年初の大型新商品がスタートから振るわず、下半期にも新商品が必要になり、急遽、課内の開発案を洗い直すことになりました。

私は上司に頼み込み、ダメ元で提案書を出させてもらいました。しかし、濃色ビールは業務用商材でマイナーな存在でした。販売数量も見込めないということで、誰も注目してくれませんでした。

ところが当時のマーケティング部長が、家庭内での「通常ビールの二次飲用市場の開拓」という点に注目してくれ、実際にパッケージ、中味の試作を進めることになりました。と同時に、クリエイターとの共同作業を同時進行させてもらい、「アフター9のビールです」というコンセプトワードを、大きな月と犬と黒生のイメージビジュアルに落とし込んで企画を完成させました。

その商品企画案が社長の目に留まると同時に、大手流通様への商品提案会で某有名バイヤーが扱ってみたいと言ってくださったのです。

そこからが突貫工事でした。イメージビジュアルはつくったものの、「販売数量の見込めない濃色ビールで広告なんて絶対ない」ということで、広告は準備していませんでした。しかし、急遽広告を投入することが決まったのです。

また発売前日、各店舗への配荷段階で微妙に動くPOSデータの数字を見た某有名バイヤーから連絡があり、「これは絶対化《ば》ける。濃色麦芽《のうしょくばくが》の一部が輸入原料と聞いていたが、足りなくなるのでは？」とアドバイスをいただき、緊急空輸することにまでなったのです。バイヤーの予想通りに商品は当たり、綱渡りの供給をしながら、発売容器のバリエーションも拡充していきました。

この一連のことを通して、私はその後の会社生活の指針になる「強烈な学び」を得ています。やりたい仕事をやるには、自ら能動的に動くこと。つまり、

1995年にリニューアル後の新聞広告
出典「アサヒビール㈱2021年9月8日広報リリースより」

「待っていても仕事は来ない」

ということです。仕事への愚痴や不服を言っても、誰かが手を差し伸べてくれることは稀《まれ》です。最も早い解決法は、「自分ごと」で動くことなのです。

そのためには、つねに組織の課題やミッションにアンテ

ナを張り、「やりたい仕事」を提案できる準備を日頃からしておくことが重要です。なぜなら、**「チャンスは突然訪れ、そして待ってくれない」**のです。

ただし、会社組織に所属する限り、業務として与えられた仕事は全力でやり遂げましょう。足元のことをせずに、やりたいことだけを主張しても誰も聞く耳は持ってくれません。まずは与えられた仕事やミッションを確実に果たすこと。そこで得た信頼が、次の仕事を生みだすことにつながります。

とくに会社組織に所属する若手社員のみなさんには、こうした発想で仕事を「自分ごと化」するトレーニングをおすすめしたいと思います。

Sense of Ownership

2 「異動」「出向」はキャリアを積むチャンス

□「出向三昧」でキャリア形成

アサヒグループ内で、多くの会社に出向してきました。今でこそグループ内出向は珍しくなく、当社は人財活用においてフレキシブルで、流動性が高い企業だと思っています。

私が最初に出向したのは、前述の通り、赤字のアサヒ飲料株式会社で、アサヒビールで営業担当、商品開発担当、ブランドマネージャーなどを経験し、一二年ほど勤めた後のことでした。まだ三〇代前半で、当時は中堅社員の出向はまだ少なかったように記憶しています。

それ以降も出向三昧《ざんまい》でしたが、女性管理職の受け入れ先やポスト探しが難しい背景があったのではないかと想像しています。

原籍のアサヒビール株式会社から、アサヒグループホールディングス株式会社、アサヒ飲料株式会社（上場時、非上場後の二回出向）、アサヒフードアンドヘルスケア株式会社（現アサヒグループ食品）、カルピス株式会社、アサヒカルピスウェルネス株式会社（現アサヒグループ食品とアサヒバイオサイクルに再編）、アサヒバイオサイクル株式会社と出向し、ほぼ主な国内事業会社をコンプリートしています。

出向は人それぞれの受け止め方があるとは思いますが、経験からくる個人的な感想を言うと、キャリアを形成していく上での非常に重要な財産になりました。

たとえば同じマーケティングマネジメント業務だとしても、それぞれの会社で経験できる幅と深さが異なります。ほぼすべてのバリューチェーン（価値連鎖）コントロールまで行なう業務もあれば、かなりセグメントされた領域の業務の場合もあります。バリューチェーンとは、研究開発、原材料調達から製造・販売、アフターサービスまでの一連の事業活動の流れのことを指します。

大規模のマーケティング投資によるパワーマーケティングをする場合もあれば、コスト・パー・オーダー（CPO）の効率を突き詰めるマーケティングもありました。コスト・パー・オーダーとは、一つの注文を獲得するのにかかった販売促進費用のことで、「販売促進費用（コスト）÷注文数（オーダー）」で算出します。

いずれにしても、社長の立場になって今思うのは、この一連の出向経験を通して得られた、知見のインプットとアウトプット、事業運営におけるセオリー（普遍解）を様々なフェーズで応用する機会などを通じ、そこで得たものが経営者として非常に役立っていることです。

出向が多くなった初期の頃、さすがに「私は大丈夫だろうか？」と思ったことがありました。様々な教えをいただいているメンターに相談したところ、「**これからの時代のキャリアは、富士山の登山ではなく連峰を登るのがいい**んじゃない？」とアドバイスをいただきました。「『急がば回れ』の可能性もあるよね」とも添えてくださいました。

出向というと私くらいから上の世代では、マイナスイメージの方が強いように思います。若い世代のみなさんは、逆に「キャリアアップには大切だ」と考える方々も多いと思います。そこで出向しまくりだった私の経験から、参考になりそうなアドバイスを記しておきます。

□ 着任前から周到に提案を準備する

出向先、異動先では、同じ企業グループ内でも、その組織では完全な異邦人です。異邦人の立場からいち早く組織に馴染み、自分のペースで仕事ができるようになるために、ぜひ推奨したいことがあります。

出向・異動の内示が出た時点で、**着任までの間に周到に準備し、着任早々に新組織への提案を行なうと非常に有効だ**ということです。

事例を挙げます。二〇一一年のアサヒフードアンドヘルスケアへの出向時、私は当初、食品事業本部の企画部長というポストでした。企画部というのは、事業全体の戦略、宣伝・プロモーション、市場調査などを手掛ける部署です。しかし当時は統合型のマーケティング部門はなく、機能部門が縦割りで存在していました。

ミッション自体は、成長が足踏みしている複数の主力ブランドの再活性化がメインでしたが、内示後の事前リサーチで、その背景にはマーケティング組織体制の脆《ぜい》弱《じゃく》さがあると感じました。

上司もメンバーも、M&Aを経てアサヒグループ入りしたポーラフーズ株式会社の出身で、菓子・食品分野での経験値やビジネス知見では学ぶことばかりでした。その一方、アサヒ飲料のマーケティング部門長の経験から、統合型マーケティングを導入すれば主力ブランドのパワーアップが可能になると確信していました。

統合型マーケティングとは、ブランド・エクイティ（ブランドの持つ資産価値）を高めるため、ターゲット顧客だけでなく、より広い市場やステークホルダーすべてを対象とするマーケティングです。製品全体や企業全体のブランド価値を構築する上で、顧客目線でアプローチする手法です。

そこで着任前から準備していた中期経営計画のひな型と、新たな統合型マーケティング組織体制案を、着任早々に上司の本部長と関連部門の部長にプレゼンし、それを叩き台に意見交換させてもらいました。

菓子・食品事業のプロからすれば、トンチンカンな部分も多々あったかもしれません。しかし、たんなる親会社からの落下傘ではなく、事業に対しての能動的な提案を前向きに受け入れていただきました。その案をチューニングしながら、中期経営計画を仕上げ、統合型ブランドマネジメントの手法を導入しました。

翌年には機能別組織を統合した新たなマーケティング組織に移行することにな

り、私が部長を任されました。新組織になって、ブランドマネジメントを強化するなかから生まれたのが、「ミンティアブリーズ」です。ミント系からフルーツ系まで、様々なシーンに対応する商品ラインアップで、ミンティアブランドの再活性化につながるヒット商品になりました。

「ミンティアブリーズ」発売時パッケージ

□ 提案書で出向先の仕事を「自分ごと化」

もう一つの事例は、アサヒグループに入り、本格事業統合前のカルピス株式会社に出向し、新会社（アサヒカルピスウェルネス株式会社）設立準備プロジェクトにリーダーとして配置されたときのことです。

その前段階で、アサヒグループホールディングスのM&A業務を手掛ける企業提携部門に所属していたため、カルピス株式会社のＰＭＩ（統合作業）の業務担当として配置されました。

上司になったのは、新会社の初代社長に内定していた、カルピスの常務執行役員でした。企業提携部門のときから何度かミーティングをして面識があり、仕事に強い情熱をお持ちで非常に論理的な方という印象がありました。

新会社設立後、私は経営企画・財務・人事などのバックオフィス機能を束ねる取締役・企画管理部長を務めることが内定していました。新社長に安心して任せていただけるよう、早期に信頼関係を構築する必要があります。

そのため着任初日、「基幹事業となる健康食品通販事業の課題と成長戦略」について提案しました。企業が直接的に顧客とコミュニケーションをとりながら、商流、物流すべてにおいて直接販売を行なうダイレクトマーケティングビジネスの経験はありませんでしたが、それまでの知見を総動員し、あらゆるコネクションを使って学ぶことで、自分なりに事業の課題やリスクを洗い出して成長戦略をつくり上げたのです。

「素人が出過ぎたことを」と思われるかと心配もありましたが、社長は「前評判通り、黙っていないタイプだね」と笑いながら、戦略シナリオに納得できる部分が多いとのことで、通販事業部門にプレゼンさせてもらえました。

こうした提案に始まって、半年かけて新会社の設立準備をし、二〇一六（平成二八）年一月にアサヒカルピスウェルネス株式会社として事業を開始し、三月には取締役に就任しました。

新社長には経営や事業について様々にご指導いただき、一方で、とても自由に仕事をさせてくださいました。心の底からお仕えできましたし、おそらく社長も信頼してくださっていたと思います。翌二〇一七年三月に退任され、後任として私が社長に就任することになりました。

これまで二つの事例を挙げましたが、出向や異動時には、着任の挨拶代わりにぜひ提案書・企画書の提出をおすすめします。たんなる事前スタディと異なり、**実際に提案書をつくることで、事業環境・競合情報などが「自分ごと」として確実にインプットできる**ようになります。

また、事前にデータを収集することで、組織内のキーマンの把握や、人間関係の構築にもつながります。こうして出向先の仕事を「自分ごと化」しておくと、組織に溶け込むスピードが格段に上がります。出向先の方でも、異邦人感を持たずに迎えてくれる下地になります。

先手、先手で、新組織のメンバーや仕事内容を自分のペースに巻き込めば、「やらされ仕事」はなくなるのです。あくまで私個人の経験からくるセオリーではありますが、異動先、出向先に早く溶け込み、新しい組織で楽しく仕事をするための重要なコツだと信じています。

Sense of Ownership

3 組織や制度などは提案するに限る

□「フレックス＋在宅勤務制度」を現場から提案

出向が多いキャリアを歩んできたことは、これまで述べた通りですが、「初の○○」「初代○○」というのも意外に多くありました。「アサヒビールの初代ブランドマネージャー」「初代食品マーケティング部長」「グループ初の女性社長」などです。

これらは、別に抜擢《ばってき》されたとかではなく、提案した経緯から組織や制度新設に関わり、自然と任されるようになったという場合が多かったように思います。

サラリーマンの飲み会では、組織や制度への不満や愚痴は、「私設人事部」的な話題と並んで、定番です。私ももちろん、愚痴はずいぶん言ってきています。

しかし、文句を言っても誰も何もしてくれません。それならば、ダメ元でかまわないから、まずは提案してみる方向に変えました。このやり方が、新たな人事制度の導入につながったこともあります。

二度目にアサヒ飲料に出向した二〇〇八〜二〇一一年頃、マーケティング部門長だったときのメンバーに、育児休業明けで、時短勤務中の女性が数名いました。当時のマーケティング部はハードワークの部署として知られ、配置されたメンバーは、大量の仕事をスピーディーにこなせる能力の高い人たちが多くいました。子どもを持つ女性メンバーたちは、仕事がハードな上に、育児もこなして目一杯頑張ってくれています。日々の保育園への送迎なども含めれば、時間的な余裕はまったくありません。彼女たちが話していたのは、「一五分の遅れが命取り」という毎日の生活の実情でした。

一方、世間ではフレックスや在宅勤務制度の導入が始まりつつありました。私は人事部にフレックスと在宅勤務を組み合わせた制度の導入を相談してみましたが、部署ごとに勤務形態の事情が異なり、導入には二の足を踏んでいる状態でした。

具体的な課題がわからないから前に進まないのだと感じた私は、いきなり本導入でなくてよいので、マーケティング部で希望者を募り、導入テストをさせてほしいと交渉しました。私に実情を話してくれた二名の女性部下が、テストに協力してくれることになりました。

数カ月のテスト期間を経て、有効性も課題も明確になりました。これにより、マーケティング部と研究所の一部組織で、「フレックス＋在宅勤務制度」を本導入することが決まったのです。

「自ら動けば、会社も変わる」という実体験を得たその女性メンバーは、現在も「自分ごと」として能動的に業務課題に取り組み、活躍してくれているようです。

□ 能動的な提案にリスクはない

二〇〇〇（平成一二）年、アサヒビールのマーケティング部門時代に、ブランドマネージャー機能が新設され、「アサヒスーパードライ・ブランドマネージャー」の辞令をもらいました。

スーパードライは一九八七年の発売以降、全社で支えてきたブランドであり、マネジメントも経営の最重点課題として行なわれてきました。ブランドマネージャー制度ができてからも同じことです。

一九九七年にスーパードライ（ＳＤ）が単独ブランドのシェアでナンバーワンを獲得すると、翌一九九八年、アサヒビールが国内ビールシェアでナンバーワン企業になります。二〇〇一年には発泡酒も含めたビール類シェアで、業界ナンバーワンを達成しました。

二〇〇一年、市場で一定の規模になっていた発泡酒を最後発《さいこうはつ》で発売しましたが、発売の前提として、まずはSDのブランドを強化しつつ、発泡酒の発売に臨むべきだという議論になりました。

そのためにはブランド定義や価値の洗い出しを今一度行ない、「不変部・可変部」を整理した上で、各種ブランド強化策を行なう必要があります。私はマーケティングのメンターとして勝手に師事していた直接の上司と隣の企画部門長に相談しつつ、「ブランドマネージャー制度導入の企画書」を作成しました。

世に言うブランドマネージャー組織の完全体とはいかず、機能組織を横串で刺した発展途上の制度でしたが、いきなり完全体組織への移行は難しい状況にあり、踏み出さないよりはいいのではないかと思い、「初めの一歩を」として提案しました。

このとき初めて、SDの大掛かりなブランド診断も行ない、様々なブランド強化策を検討、実行し、二〇〇一年発売の初の発泡酒「本生」に影響されない、強いSDブランドの基盤をつくるため、全社一丸となった取り組みになったのです。

うまくいった話ばかりを紹介してきましたので、「そんな提案など、なかなかできるものではない」と言う人もいるかもしれません。私自身も、通らなかった提案はたくさんあります。

ただ、あくまで経験的なものですが、能動的な提案が不採用になっても、何か不利益を被《こうむ》るようなリスクはまずありません。それどころか、**不採用だったことから派生し、チャンスが舞い込むことの方が多かった**というのが実感です。

もし、組織や制度などのあり方や、体制について思うことがあったら、まずは騙《だま》されたと思って、能動的に提案してみてください。そうした前向きな行動だけでも、日頃会社や仕事について抱えているストレスが、どれほど軽減されるかしれません。不満や疑問を感じながら、何も行動しないのは本当につらいことです。

□ 成功する提案のために大切なこと

ここで、私がこれまでの経験から実感している、「提案する際のコツ」のようなものをいくつか述べておきます。

まずは、**「応援者」や「協力者」をつくること**が非常に大切です。

「応援者」は、自分の考え方や立ち位置に理解の深いメンター的な人や、客観的な視点を持つポジションの人物が理想です。社内の上司や先輩、尊敬する取引先の方などが考えられます。応援者の方から、提案が行き詰まったときなどの助言や、直接的な提案のサポートをいただくことは意外に多くありました。

直接的なサポートを受ける場合は、提案する相手から客観性に疑念を抱かれないように、また「上からの圧力」と受け取られないようにすることが肝心です。その意味でも、応援者の人選は極めて重要だと言えます。

一方の「協力者」は、年齢やポジションは関係なく、同様の〝志《こころざし》〟を共有できる、いわば〝同志〟のような存在に限ります。提案する上でのモチベーションになる上に、同志との意見交換などで提案内容に広がりや厚みが出るからです。

「応援者」や「協力者」の力も借りながら新しい提案をすることで、提案内容が独り善《よ》がりでなく、組織のメリットになるということを提案相手に感じ、納得していただける可能性が高くなると思います。

提案はつねに、組織や会社のメリットと自分の実現したい内容について、「WIN-WIN」の状態にして行なうことが大切です。

次に気をつけたいのは、**最初から完全体を求め過ぎず、スモールスタートからでも「とにかく始めてみる」**のを優先することです。

とかく前例がないことは、否定されやすいものです。「リスクが読めない」という理由を必ず言われます。このような場合、スモールスタートのシナリオを用意しておいて、歩み寄りの姿勢でぶつけてみると効果的です。

その際には、失敗した場合はいつでも手を引くことができること、「リスクの負える範囲」であることを示せば、相手のハードルがいきなり下がるのを実感してきました。

最初から一方的な思いを正論だけでぶつけて、全力で相手をコーナーに追い詰めたとしても、なかなかうまくいかないことが多いもの。これは若かりし頃の数々の失敗から得た教訓です。

交渉方法としてのスモールスタートは、成功確率を上げるための提案方法でもあります。スモールスタートでテスト的に始めて、改善すべきところは即改善し、精度や規模などを上げていき、ありたい姿を目指していくのが理想的です。

ただし、取り巻く環境変化のスピードは速いので、決してゆっくり取り組むということではなく、アジャイル型で進めることが大切だと思います。

そして最後に、**最大のコツは「実現したければ、絶対諦めないこと」**。「手を変え、品を変え」「あの手、この手」とよく言いますが、状況変化などによって、提案がしやすいタイミングもあるので、「機を見る」こともまた重要な戦略と言えると思います。

第3章

「自分ごと化」は世界で通用する

Sense of Ownership

1 「アサヒバイオサイクル」の取り組み

□人と動物と環境の健全性「ワンヘルス」

私が社長を務めるアサヒバイオサイクル株式会社（ABC）は、アサヒグループホールディングス株式会社（AGH）直下の事業会社です。現在、AGHの直下には、欧州・豪州・東南アジア・日本を統括する地域統括会社（RHQ＝リージョナルヘッドクオーター）があり、各国に存在する事業会社をマネジメントする形態になっています。

そして日本国内はと言うと、国内事業統括会社として設立されたアサヒグループジャパン株式会社が、アサヒビール株式会社、アサヒ飲料株式会社、アサヒグループ食品株式会社などをマネジメントするという体制です。

当社ABCは、海外収益の構成比が八割を占めており、グループの各海外拠点の事業資産等を活用して成長させていく必要があります。また、食料問題・環境課題等、サステナビリティ活動への貢献を意図して設立されたことなどから、地域統括会社ではなくAGH直下でマネジメントされています。

当社事業のパーパス（存在意義）は、グループのコア技術である「有用な微生物（ビール酵母、乳酸菌、枯草菌《こそうきん》など）の応用技術」を通して、以下の三点を実現することにあります。

①ワンヘルス（One Health＝人・動物の健康と、環境の健全性を一体と考えて事業活動する）に貢献すること

②食の川上分野である、農業・畜産分野を中心とした生産性向上やサーキュラーエコノミー（循環型経済）の実現

③施設緑化や土壌改良等による豊かな生活環境の実現

ワンヘルスは、最近の新型コロナウイルス感染症（COVID‐19）やM痘（旧名称・サル痘）の感染拡大で、一層注目が集まっている課題です。

世界の急激な人口増加が始まったのは、先進国を中心に産業革命が起こった一八世紀からです。その後、現在までに新興国も含めての地球規模での人口爆発となっています。

これにより森林開発による農地化、宅地化などが進み、人と野生動物の居住地域が近接していきます。また自然破壊による地球上の生態系の破壊、気候変動などの影響もあり、もともと野生動物が持っていた病原体が何らかのプロセスを経て人に

感染するようになったと推測されています。

様々な病原体が人と動物の双方に感染することを「人獣共通感染症」と言います。古くは狂犬病から牛海綿状脳症《ぎゅうかいめんじょうのうしょう》（ＢＳＥ）、今も猛威を振るう鳥インフルエンザ、新型コロナウイルス（ＣＯＶＩＤ-19）などは人獣共通感染症です。コロナウイルスの一種、重症急性呼吸器症候群（ＳＡＲＳ）、中東呼吸器症候群（ＭＥＲＳ）も同様です。ＷＨＯ（世界保健機関）では、二〇〇種類以上の人獣共通感染症を確認し、公表しています。

こうした人獣共通感染症が、人から人へと感染拡大し、時に大規模な世界的流行（パンデミック）となって、人類に甚大なダメージを与えてきました。

このことから、人と動物（家畜、ペット、野生動物などをすべて含む）の健康と環境の健全性は、生態系のなかで互いに影響を及ぼしあいながら密接につながっているため、一体的に「ワンヘルス」として守られなければならないことがわかります。

当社で扱う製品は、食品製造等に使われる自然界から得られた微生物由来のものを独自の技術で加工し、畜産向けの生菌剤（プロバイオティクス）や農業向けの肥料原料として開発したものです。こうした自然界から得た微生物などによる飼料添加剤や農業資材（肥料原料）等は、「ワンヘルス」で大きな課題になっている「薬剤耐性問題」に大きく貢献できる可能性を持っています。

□食の安全と循環型農業への貢献

細菌による感染症には、その細菌の増殖を抑え、最終的に死滅させるために抗生物質（抗菌薬）を使用するのが有効であり、かつては抗生物質に頼り切っていた時代もありました。

しかし、十分な効果を得るためには、一回の使用量や使用期間などの用法を適切に管理することが重要となります。この用量や用法などを守らないと、目的の細菌を死滅させるどころか、体内の他の「良い細菌」に影響を与えるだけでなく、抗菌薬に対しての抵抗力、すなわち「耐性」を獲得した「薬剤耐性菌」を発生させる原因にもなってしまいます。

薬剤耐性菌による感染症が発生すると、従来使用してきた抗菌薬が効かず、治療が難しくなるということが起こります。近年では、世界的にこの薬剤耐性菌が増加する傾向にあるなかで、新たな抗菌薬の開発は停滞しており、大きな問題となっています。

家畜などの動物にも抗菌薬は使用されています。薬剤耐性菌の発生は畜産現場でも問題視されており、周辺環境の汚染や、畜産物や農産物などを媒介して人へ広がることも懸念されています。

動物の病気の治療目的については、抗生物質の適正使用は問題ありません。しかし家畜の成長促進や収量増のために抗生物質を餌に混ぜて投与され続け、薬剤耐性菌を持ってしまった家畜の食肉を摂取すると、人間も薬剤耐性菌に感染してしまう可能性があります。

この問題は、とくに欧米での取り組みが進んでおり、大手外食チェーンや大手小売業の店頭の畜産品には、「抗生物質フリー（無薬）」を表示した製品が多く、また、減農薬・無農薬野菜はすでにかなり普及した状態で、各国で法制度の整備も含めて取り組みが進んでいます。

こうした外食チェーン、食肉メーカーの動きに対しては、当社商品と抗生物質フリー対応プログラムにより、顧客支援をすることが可能です。

日本も諸外国に後れてはいるものの、二〇二一年に農林水産省が「みどりの食料システム戦略」を発表しました。そのなかの「持続可能な生産体系」の文脈で、「土壌微生物機能の完全解明とフル活用による減農薬栽培の拡大」といった内容が記されています。

温室効果ガス（GHG）排出で対策を急がれる農畜産分野でのカーボンニュートラル（二酸化炭素の排出量と吸収量を均衡させること）への取り組みを中心に、農畜産

伝播する薬剤耐性菌

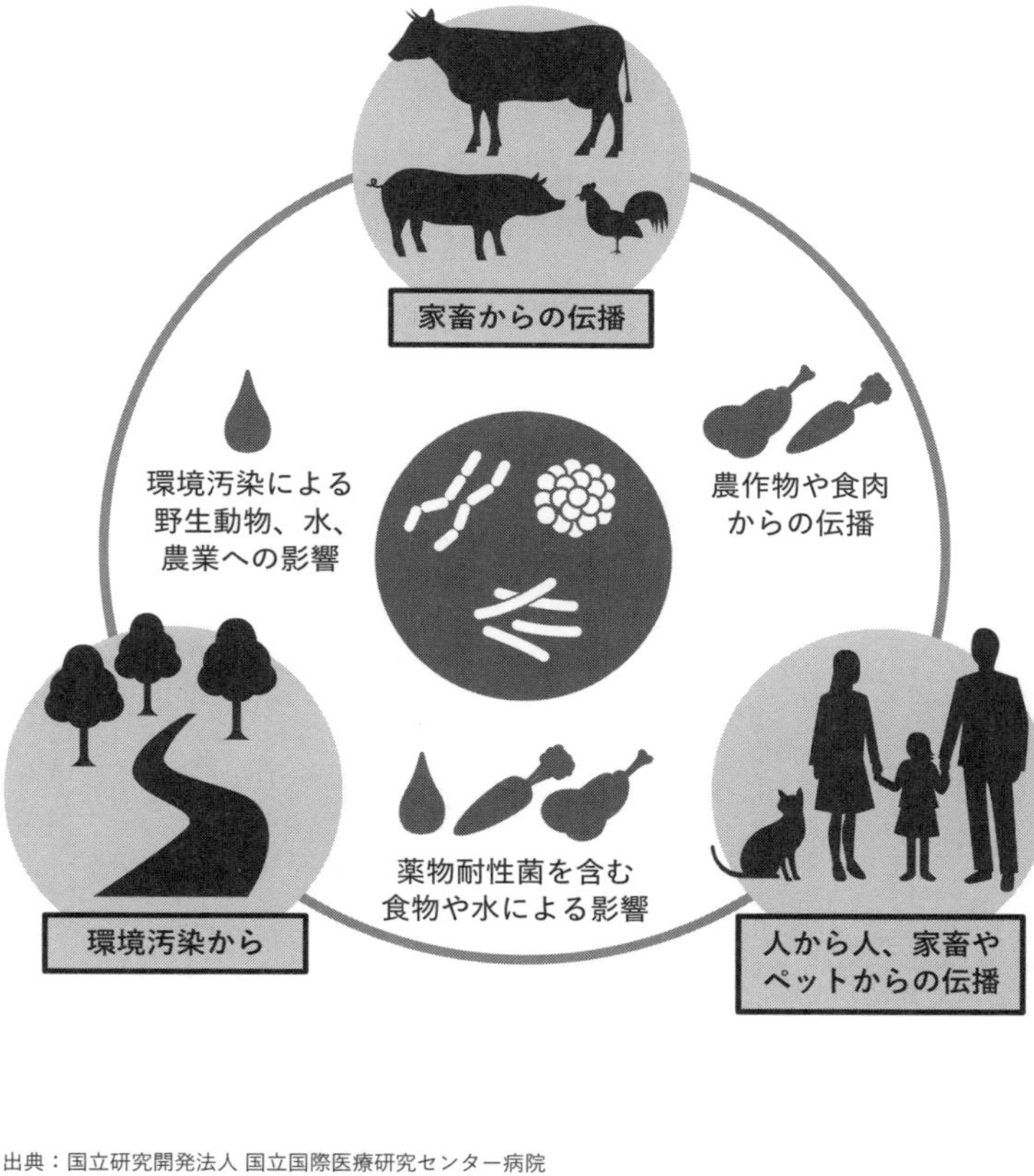

出典：国立研究開発法人 国立国際医療研究センター病院
AMR臨床リファレンスセンター（厚生労働省委託事業）広報リリース（2021年3月25日）

を取り巻く各種問題への対策を進めており、減農薬・無農薬による農業生産はその目玉施策になっています。

当社ABCのビール酵母細胞壁由来の農業資材（肥料原料）は、減農薬のための農薬補助剤や農薬代替として使用されています。化学農薬の削減効果や作業プロセスの改善により、LCA（ライフサイクルアセスメント＝製品やサービスに対する、環境影響評価法）による算出値で、約四〇％程度のCO_2排出削減が可能になった事例もあり、GHG対策面での効果も期待されています。

また、微生物由来の食物残渣《ざんさ》堆肥化《たいひか》促進剤もあり、循環型農業の実現による環境面の貢献も目指しています。

□ 顧客に寄り添い、一緒に課題解決

こうしてアサヒバイオサイクル株式会社を紹介すると、「なんだか難しそうなことをしている会社だな」と思われたかもしれません。一方で、地球環境の健全化に取り組み、二〇一五年に国連総会で採択されたSDGs（持続可能な開発目標）の流れに沿った活動をしていることも、ご理解いただけたと思います。

冒頭で「海外収益の構成比が八割」と述べましたが、よくテレビ番組などで「知

る人ぞ知る、海外では有名な日本企業」という企画を目にしますが、当社はまさしくそれかもしれません。

当社ABCには、三つの事業が存在します。

①畜産向けプロバイオティクスを扱うアニマルニュートリション（AN）事業

②農業、緑化向けビール製造副産物を活用した農業資材（肥料原料）を扱うアグリ事業

③食物残渣を微生物で堆肥化して農業現場で活用するサーキュラーエコノミー事業

そのなかでも、とくに基幹としているのがAN事業です。この事業の源流は、一九八七（昭和六二）年、まだアサヒグループに入る前のカルピス株式会社の研究所メンバーによる新規事業でした。

カルピス社が選び抜いた枯草菌から独自の培養技術で製品を生み出し、畜産向けプロバイオティクスとして「カルスポリン」ブランドで発売したのです。

この「カルスポリン」は国内の畜産向けプロバイオティクスではシェア四〇％以上、米国のブロイラー向けプロバイオティクスでもシェア三〇％以上、世界で三〇〇億羽というブロイラー生産に使用されている量でも一〇％程度のシェアを持つと推定されています（当社試算）。

畜産業界関係者の間では、メーカー側の我々でも驚くほど著名なブランドです。競合は数兆円の売上規模の世界的なバイオ企業が多いのですが、とくに米国では〝ＢＩＧ３〟と取引先から呼んでいただけるブランドの一つとなっています。現在、世界の三六カ国で販売しており、販売許認可を持つ国は六〇カ国を超えています。まだまだ世界に向けて、拡大の余地が大きい事業です。

当社のような存在を「グローバルニッチ」（特定分野で世界シェアが高い）と呼ぶそうですが、なぜそのようなポジションの企業が存在するのでしょうか。

ビジネスモデルの用語で、法人と法人との企業間取引をＢ２Ｂ（B to B）（Business to Business）と言います。ただ当社のような事業は、顧客に安心・安全な製品を販売する役割だけに留《とど》まらず、顧客の事業課題に寄り添い、一緒に課題解決に取り組むＢ４Ｂ（Business for Business）のビジネスモデルを志向しています。

当社は全事業において、「テクニカルソリューション（技術サポートによる課題解決）」機能がビジネスの源泉になっています。これを社内では「技術営業」ではなく、「テクニカルソリューション営業」を略した「ＴＳ営業」と呼んでいます。

顧客の課題を「自分ごと化」して洗い出し、「見える化」を実現してコンサルティングを行なうことで、当社製品を活用した解決策やプログラムを提案し、実際の実行フェーズにも適宜寄り添っていきます（八七頁参照）。

当社 ABC のテクニカルソリューション（TS）のイメージ図

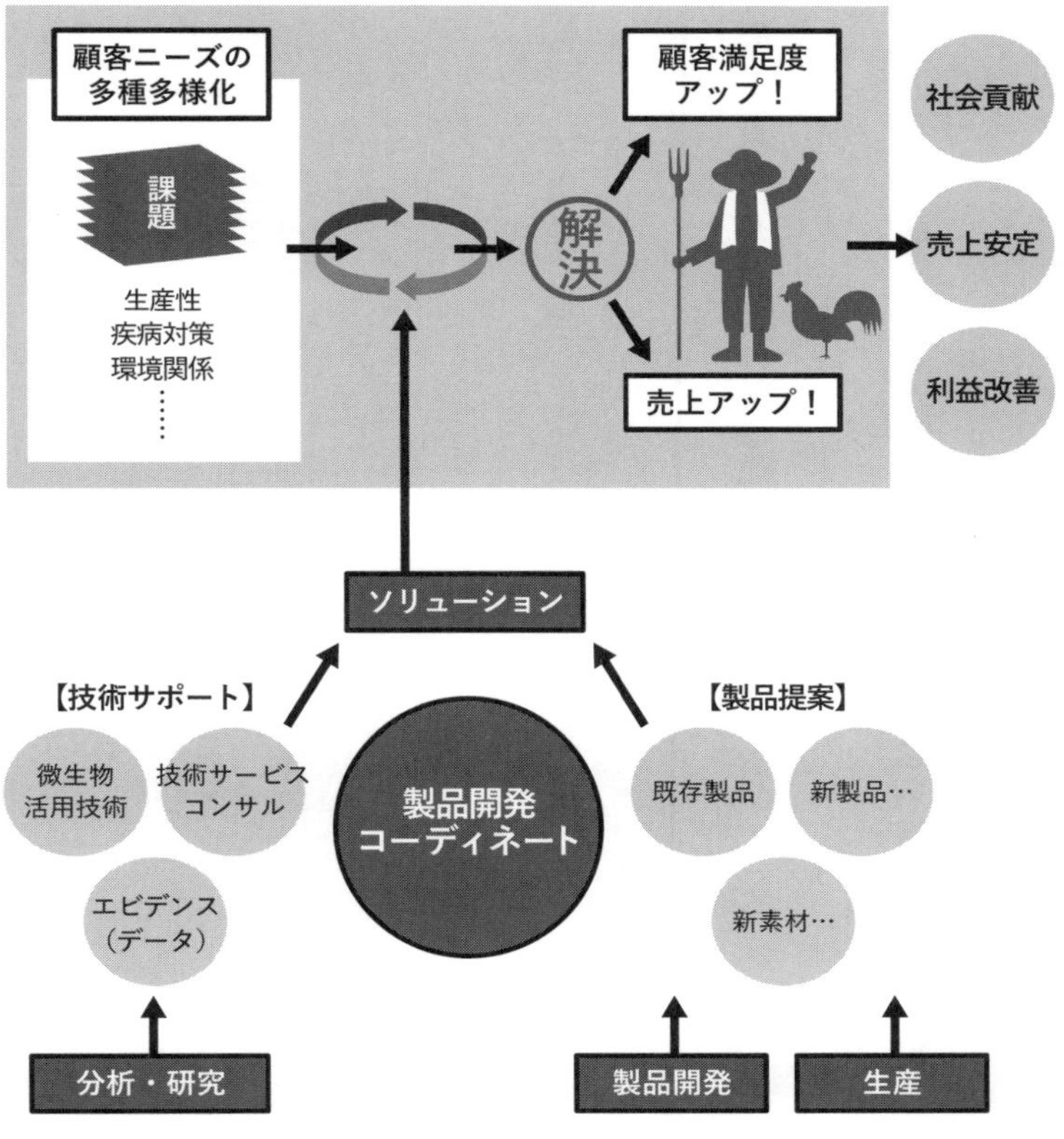

「グローバルニッチ」として存在できる理由は、このTS営業の活動に注力していることにあります。

獣医師やPh.D.（博士号）の資格などを保有する多彩な研究者・技術者や、事業分野での経験豊富なTS人財とともに、長年大手企業顧客へのコンサルティングを重ねてきたデータ蓄積の分析・応用なども、当社の強みになっています。

Sense of Ownership

2 「自分ごと化ビジネスモデル」で動く

□「当事者意識」が顧客に応援団を生む

アサヒバイオサイクル株式会社には、国内畜産業界でも名の知れた、凄腕の女性TS営業がいます。顧客課題を「自分ごと化」して捉え、解決に向けて徹底してお客様に寄り添う姿に、いつも頭が下がる思いで見ています。

この女性が頑張る原動力は、顧客からの絶大な信頼です。絶対に信頼を裏切らないという信念で、弛《たゆ》まぬ努力をずっと自身に課しています。その背景に、生産者の生活を背負っているという「強い使命感、当事者意識」が感じられます。

彼女は、単純にお客様への一方的なお役立ちではなく、近江《おうみ》商人の「三方良し《さんぼうよし》」（「売り手良し」「買い手良し」「世間良し」）のような姿をつねに目指しています。まさに真の商売人であり、当社国内事業への収益貢献も大きい社員です。

現在、保育園に通うお子さんの育児中です。自宅からのリモートやフレックス勤務などを活用しつつ、周囲の人々の協力も得ながら当社ビジネスの最前線であるTS営業を続けています。

その女性の絶大なファンである顧客が、とにかくたくさんいます。当然、産休・育休も理解し、応援してくださる皆様ですが、産休期間中だけでも待ち兼ねる声が多数出ていたようです。

この女性の活躍により、諸先輩が営業して長年難攻不落であった大手企業に、当社製品の納入が実現し、取引が拡大したこともあります。詳細は企業秘密でお伝えできませんが、社内に眠っていて放置されていたリソース（資源）を使って、その大手企業が抱えていた課題解決方法を提案し、生産現場の技術指導に徹底して食い込んだのです。

これによって結果を出し、その後、生産現場のボトムアップが大きな力になって、お客様である会社内の上位層の合意形成を勝ち取りました。当然上位層の説得も丁寧に進めていたものの、従来トップダウンが多い企業体質だったようで、生産現場の声が優先された稀有《けう》な例とのことでした。

その女性の「自分ごと化」して取り組む姿勢が、顧客の現場で応援団を生み出し、成功につながったのです。

当社ABCの事業規模はまだ小さなものですが、グローバルな大手企業と互角に渡り合い、特定分野にフォーカスすることで存在感を示せています。その理由は、先ほど述べた「B4Bのビジネスモデル」にあると考えています。

顧客の課題に寄り添い、一緒になって解決していくことで、お互いの利益に結び付ける――これを「自分ごと化」ビジネスモデルと名付けたいと思います。

このように「自分ごと化して考える」と、視野が広がり、視座が高くなって、ビジネスチャンスも拡大していきます。

□ 全社視点は「いい意味でのお節介」から

全社員が経営志向を持って事業に臨む、「全員参加型経営」という考え方があります。組織を細分化し、企業の経営理念や経営哲学を共有する個々の社員が、担当部門の徹底した収益管理や創意工夫によって利益を追求するというものです。強烈な当事者意識による「自分ごと化」を、組織として具現化する考え方として大変参考にさせていただいています。

組織をマネジメントする立場であろうとなかろうと、全社視点により「経営課題や目標」を「自身の業務目標」にブレイクダウンし、

◇ロジックが一貫しているか

◇自身の業務がどのように経営に貢献しているか

などと考えながら業務に臨むことは、「自分ごと化思考」をトレーニングする上で大変有効です。

全社視点が持てると、経営や他部門へも積極的に意識が向き、意見交換などによって良きチームワークが生まれます。課題解決の精度が向上し、突破するためのアイデアが湧いて仕事の成果につながりやすくなります。

こういう個人の行動がきっかけとなって、チームを変え、組織を変えていく連鎖が起こせれば、いわゆる「やらされ感」がなくなっていきます。

会社員の場合、楽しさや働きがいを感じられずに仕事に閉塞感《へいそくかん》を抱えるケースの多くは、この「やらされ感」に起因しているのではないでしょうか。会社は趣味や遊び、サークル活動ではありませんから、どうしても「意にそぐわない仕事」やお

客様の思わぬクレーム対応などに追われることもあります。

そんなときに、

「これは自分の仕事の範囲外だから関わりたくない」

「上司が振ってきた仕事が面倒で、やる気がしない」

「自分のせいではないクレーム対応に、無駄な時間をとられた」

といった気持ちで対応するのは、チームや組織の仕事を「他人ごと」とする思考ですから、すぐに切り替えないとマイナスがマイナスを生んで悪循環に陥ってしまいます。とてもモチベーションが高い状態では働けません。

こういう気持ちになったときは、組織の壁のなかで仕事をせずに、一歩踏み出した活動をしてみましょう。他部門の先輩や同僚など、組織の壁を破って相談や意見交換したりすることで、発想が広がり、シナジー（相乗効果）が生み出されます。

「自分ごと化」とは、言い換えれば「良い意味でのお節介」をしていくことなのです。能動的に、主体的に、全体最適を考えて一歩踏み出す勇気を持てれば、「やらされ仕事」はなくなります。

会社で楽しく仕事をするためには、「経営への参画視点・全社視点」を持つことが有効です。しかし、それは上から言われてやれるようになるものではありません。「自分ごと化」で仕事をしようという日々の発想、行動があってこそ、身についてくるものなのです。

□ 機能部門も事業の最前線

たとえば当社の知財（知的財産）・法務、R&D（研究開発）、品質保証、SCM（サプライチェーンマネジメント）などの機能部門は、「能動的に事業部門の業務に入り込んでサポートする」のを強みとしています。

一般的に機能部門は、マーケティングや営業などの事業部門から依頼を受けて動く役割だと思われがちです。

しかし、当社のように「技術オリエンテッド（技術立社）」な事業運営の場合、知財・法務機能に事業の最前線を担う役割が求められます。世界中の特許や許認可を踏まえ、独自開発の製品、テクニカルソリューション提供ノウハウなどへの知財戦略の重要性が、非常に高いのです。

また、三六カ国ほどで事業展開していることから、各国の企業と各種契約を締結する必要があります。

当社の法務担当は、事業部と二人三脚で動いており、事業や顧客の状況を深く理解した上で、「〝攻めと守り〟を使い分けた法務・知財戦略」を提言しています。常日頃、事業部の活動を「対岸の火事（他人ごと）」と捉えていてはとても務まらない仕事で、アサヒグループのなかでも特徴的な知財・法務部門です。

また、R&Dの研究担当者も同様です。基礎的な研究開発に加え、顧客サポート技術の開発や、カスタマイズした製品開発なども主要な業務であり、TS営業が動きやすいように能動的にサポートしています。

顧客から直接、具体的なニーズを探り、即効性の高い製品開発につなげる役割も担います。また学会論文発表を通して、KOL（キー・オピニオンリーダー）の役割を果たし、大学などの研究機関とタイアップするアカデミックマーケティングの側面でも、当社製品の拡販に貢献しています。

さらに現在、日本、米国、中国、タイにラボ機能（技術営業の現場で、顧客に提供するサービスとして様々な分析、データ解析を行なう機能）があり、外部有識者との連携など、オープンイノベーション（技術の共創）も進めています。TS営業サイドからの受け身にはならず、能動的に提案していく機能を担っています。

品質保証の部門では、各種事業に関わる規定・法改正などを積極的にモニタリングし、事業部へ最適解を提言しています。また、ISO（国際標準化機構）などの外部認証制度も形式的なものに終わらせず、経営戦略と完全に連携させて、部門間の業務整備を効率的に行なうことで、全社をリードしています。

機能部門は一般的に、スポットライトが当たりにくいと思われていますが、「全社視点」で「自分ごと化」して取り組む社員が行動すれば、主役の輝きを放つ仕事になるのです。社内はもとより、顧客からも大きな評価が得られます。

当社のビジネスは、機能部門の能動的なアクションに支えられ、グローバルな事業が可能になっています。仕事を「自分ごと化」することは、組織のあらゆる立場、あらゆる業務に関係なく、自分の仕事のやりがいを高め、会社全体を活性化することにつながるのです。

Sense of Ownership

3 逆境から世界で成果を上げた社員たち

□ 売上ゼロから畜産業界に斬り込んだ米国法人CEO

前述のように海外での収益が八割を占めるアサヒバイオサイクル株式会社は、海外駐在の経営者や社員が、業績の中核を担っています。米国・アトランタ、中国・

上海には製造・販売・研究機能を併せ持つ現地法人、タイ・バンコクにはラボ機能を持つ支店があります。ここでは、海外で活躍する社員たちの「自分ごと化」された仕事ぶりについて見ていきます。

まず当社の最重要拠点であるアメリカの米国法人CEOについてです。北米・南米・欧州・中東などのエリアを統括するとともに、ABC本体の事業本部長でもあります。

ABCの米国法人は二〇一二年に設立、二〇一三年に工場完成、二〇一四年に製品の出荷を開始しました。

北米のプロバイオティクス事業では高いシェアを持ち、とくにブロイラー分野は三〇％以上のシェアを占めています。北米の上位畜産企業はグローバルでも当然上位にランキングされ、当社の顧客には年商数兆円規模の有名企業が多くあります。

また競合企業もグローバル大手のケミカル、バイオ系企業であり、当社の米国法人はそのような相手に、事業分野を絞り込むことで優位な競争を進めています。

米国法人CEOは、二〇数年前に総合商社からカルピス社に転職してきた方で、大学で畜産学を学んだ理系脳を持ちつつ、商社で営業・事業管理スキルを徹底的に身につけた、技術畑と営業・事業畑の二刀流という人物です。

商社時代に海外駐在経験はなかったようで、カルピス社（カルピスは二〇一二年よりAGH傘下）に入社し、初めての海外駐在がアメリカになりました。当社での日本勤務もありましたが、通算約一五年以上米国で勤務し、二〇一八年に米国法人のCEOに就任しました。

一九九九年に日本から「カルスポリン」をアメリカに輸出し、販売を開始したのですが、売上ゼロベースからの新規顧客開拓であり、最初の七年間は苦労の連続だったそうです。

当社に転職して米国の新規開拓に携わった当初は、販売代理店のオフィスの一角に間借りし、満足にラボ設備もないなかで、簡易な試験機器を使って分析したりしながら、顧客企業と農場などを走り回っていたと言います。

その並々ならぬ苦労の甲斐《かい》もあり、二〇〇六年に最大手顧客に当社製品が採用されました。これが起爆剤となり、その他の顧客も増え続け、売上が継続的に拡大していきました。これにより、二〇一二年に法人設立、二〇一四年に現地生産がスタートできたというのが経緯です。

米国の畜産業界では、もともと日本企業の存在感はまるでなく、顧客の獣医師や栄養士などのキーマンが集まる会合に参加しても、しばらくの間、まったく会話に入れない空気感だったそうです。

また、出身大学閥のコミュニティが畜産業界内でも企業内でも一定の影響力を持っていたらしく、日本から来た技術営業担当者には、かなり厳しいアウェー状態でのスタートだったのです。

ＣＥＯは諦めることなく、居心地の悪さに耐えながら会合には必ず毎回参加し、繰り返し業界のコミュニティにアプローチしました。やがて徐々に顔を覚えてもらい、人脈を構築していけるようになったそうです。現在では、米国畜産業界のあちこちから声がかかって情報が集まり、名の知れた存在になっています。

当社内に米国駐在経験者は多いのですが、皆が口を揃えて、

「ＣＥＯはアジア人なのに、米国人コミュニティにしっかり入り込めているから不思議だ」

と話します。アジア人であるための「見えない壁」は、長く駐在していても消えないものですが、ＣＥＯはそれを乗り越えている印象があると言うのです。

□アメリカ人をも惹きつける「心配り」

その理由について、考えてみました。

欧米などの海外ビジネスでも、顧客への気配りが勝負です。日本は気配り社会でも、欧米などは大雑把《おおざっぱ》でいいというイメージを持ちがちですが、じつはそんなこと

はありません。ビジネスのど真ん中での、きめ細かな対応やアプローチが何よりも絶大な信頼関係を構築するのです。

じつはCEOは、顧客が事業の困難や危機に直面した情報をいち早くキャッチし、素早く訪問して寄り添い、一緒に課題解決を積み重ねてきたのです。すると顧客企業のキーマンたちの会社内のポジションも上がり、結果、顧客企業からCEOに対する評価がアップしていきます。**大きな恩義を感じれば、大きな信頼を寄せていただける。**人間としての心のありように、人種も国境もないのです。

CEOが米国の大手顧客のキーマン達から絶大な信頼を得ているのは、まさしく強い当事者意識による「自分ごと化」ができているからだと私は思います。

また側面では、顧客キーパーソンへの個人的なフォローも忘れません。たとえば御家族の慶弔、趣味・嗜好《しこう》に関することへの徹底した配慮を怠りません。

相手の方々が、どのような趣味で、どのような食事やお酒などの嗜好品が好きかなどをしっかり把握し、調べ上げた上で、絶妙なタイミングで気配りのアクションをします。他人様の行動や気持ちを、まるで「自分のことのように想像して行動する」ことができるのです。これが、アメリカ人をも惹《ひ》きつける人物的魅力になっていると思われます。

現在、当社では、三〇歳前後の若手駐在員が数名、「初めての米国駐在」や、「転職して初めての米国畜産業界」を経験しています。当初はコミュニティに入っていけないと話していたのですが、CEOが自身の経験談を伝えると、奮起して会合に参加し続けました。

回を重ねると、「どこかで会ったよな?」「あのときも来ていたよね?」と言われるようになり、徐々に会話に入っていけるようになります。「まったくCEOの言っていた通りになるんですよ。すごいなあ」とみな感心していたと聞きました。

CEOは米国法人の社内への気配りも一流で、メンバー達に声をかけ、仕事ぶりや健康面などを細やかに気にかけています。

また、業界内だけではなく、異業種の米国コミュニティや趣味の集まりにも頻繁に顔を出し、様々な情報を得てきては、自身の会社経営に活かしています。

時間はみな平等に一日二四時間です。しかし、CEOは二倍の時間を持っているのではないかと思われるぐらい、**「ヘッドワーク、フットワーク、ハートワーク」の人であり、「ネットワーク、チームワーク」もとても大切にする人**なのです。

□ 顧客の課題を「自分ごと化」して好循環を生む

北米に対し、南米エリアの方は、当社にとってさらに成長株の市場です。農業、畜産業ともに市場規模の大きいブラジル、ペルーなどを抱えるエリアなので、高いポテンシャルを持っています。

その南米エリアを担当している四〇代前半のリーダーを紹介します。米国法人の取締役でもあり、経営にも携わっています。

大学では薬学の博士号を取得。カルピス社に入社後はR&Dの分野で業務を行ない、六年前に当社米国法人に出向し、初めて海外駐在になりました。

米国法人ではR&D業務の知見を活かし、高い技術力と提案力を武器にTS営業で活躍しています。CEOと同様に、技術畑と営業・事業畑の二刀流です。

初めての海外生活でしたが、英語ネイティブとの会話スキルはかなり早い時期に習得してしまいました。駐在後まもなく南米方面に出張するようになりましたが、南米の顧客の幹部層では英語が通じますが、生産現場では母国語（主にスペイン語）が重要だと認識するや否や、あっという間にスペイン語もマスターしています。

本人の性格からすると、顧客のストレスを第一に考え、徹底した学習でスペイン語を短期で習得したのでしょう。英語とともにフレキシブルに使用して顧客に負担をかけないように対応しています。北米からの出張業務であり、現地で生活するわけでもないなかで、かなりの努力だったはずです。

治安の悪い地域も多い南米に単独で出張し、当初は言葉も通じない生産現場にも出向いて、コンサルティング営業をする。その苦労は計り知れません。彼の仕事に対する姿勢は「スーパーポジティブ」という言葉がぴったりです。

この数年、新型コロナウイルスの感染拡大で南米各国は経済的な打撃も大きく、もともと所得水準が高いエリアではないので、食料関連の市況としては低価格志向の影響を受けやすく、当然、顧客の事業も厳しい状況にあります。

当社の手掛けるプロバイオティクスは通常製品に比べ、「プレミアム価格帯」の製品ですが、そのような環境下でも南米の当社事業は順調です。

彼は各国の市場環境、経済状況などを非常に良く観察し、並行して各種データで裏取りし、顧客の収益、生産、販売動向の先読みをすることに長《た》けています。

顧客の業績とサプライチェーン（商品の開発・生産から消費者の手に渡るまでの一連の流れ）を横睨《よこにら》みしながら、適切なタイミングで適切な販売プログラムやソリューションを顧客に提案し、トータルＲＯＩ（Return On Investment／投資収益率）で顧客に納得していただけています。

また、顧客の課題からうまくニーズを吸い上げて新製品化などにつなげることにも長けていて、顧客にとって非常に頼もしいＴＳ営業なのだと思います。

一方、ブラジルやペルーなどの畜産大国では、華僑《かきょう》や華人と同じような「Nikkei」と呼ばれる日系人の経済コミュニティが存在します。日系二世、三世がオーナー企業の大会社も多いのが特徴です。

彼は、ほぼゼロに近かった南米でのビジネスをこの数年で大幅に拡大してきました。南米トップ5に入る上位企業から絶大な信頼を勝ち得ていて、そのなかには日系オーナー企業も存在します。

日本企業だからといって、「日系オーナー一族からの信頼」を得るのは容易《たやす》いことではありません。移住とその後の一族の苦労、歴史・文化的バックボーンを理解しなければ、その企業の課題に真に寄り添うことなどできないからです。

以前、ペルーに出張した際、日系オーナー企業の顧客を訪問する前に、彼のアレンジで「日本人ペルー移住史料館」に連れていってもらいました。

長い移住の歴史のなかの艱難辛苦《かんなんしんく》と不屈の精神、日系人としてのアイデンティティや誇りを大切にしていることなどを目《ま》の当たりにし、顧客企業の経営ビジョン、パーパス（企業の存在意義）などの背景が良く理解できた気がしました。

そして同じ日系企業だとしても、二世、三世、それぞれ世代により、違う価値観が生まれています。そのような世代にあわせた対応も必要になってきます。

彼のすごいところは、企業幹部であるオーナー一族ともしっかり人間関係を構築し、一族で経営するグループ会社の隅々まで、顔が売れていることです。自分の仕事の幅を限定せず、販売製品の隣接課題までも視野にいれたコンサルティング営業を行なうことで、顧客に信頼され、内部のR&Dに入っての課題解決も任され、それが大きな商《あきな》いの基盤になっています。

すべては、**顧客のアイデンティティやバックボーンを理解した上で、「自分ごと」として対応した成果**であると思います。

彼は仕事に取り組むなかで、「自分の担当ではない」とは決して言いません。顧客目線で達成したい目標に対しては、他者が担当する仕事でも明確に意見を言いますし、実現できないと思えば自ら動き、アイデアを出します。

事業が違っても自分が知見のあることであればしっかり意見を出し、提案もする。顧客の課題を「自分ごと化」して、仕事の好循環を生み出しているのです。

□「有言実行＝当事者意識」でＶ字回復

中国は世界一の人口を誇り、ＧＤＰ（国内総生産）は世界第二位、強力な内需にも支えられた世界有数の農業・畜産大国です。しかし近年、アフリカ豚熱（ＡＳＦ）などの感染症拡大で生産企業の浮き沈みがあり、また、世界にも類を見ない強力なゼロコロナ政策の導入などもあった関係で、ビジネス上の対応が難しい国と言えます。

当社では日本からの輸出販売からスタートし、二〇一三年に上海で現地法人を設立。現地生産、研究ラボ活用による販売拡大に取り組んでいます。

そんな中国法人の総経理は、アサヒグループ初の女性海外法人長です。出身は中国であり、日本で大学を卒業した後、米国大手コンサルティング企業を経て、一五年ほど前にアサヒビールに入社しました。入社後は、アサヒグループホールディングスの国際部門などで活躍し、中国駐在も経験しています。

二〇一九年に当社の中国法人の総経理に就任して以降は、家族を日本に残しての単身赴任であり、ゼロコロナ政策もあったため、この数年間は帰国が難しい日々が続いていました。

彼女の活躍の源泉は、その多様性あるバックボーンです。米国流、中国流、日本流、様々なビジネス経験があり、顧客との関係構築の際にも、つねに各エリアの慣習や人情に適した気配りや配慮を心掛けています。

中国法人の総経理に就任する以前、彼女は米国への機能性素材の輸出販売事業を担当していました。その事業は数年来の赤字に陥っており、事業をクローズするかどうか最後の見極めとして、期限を一年半と切って事業を任せたのです。

しかし、米国現地販売代理店のメンバーのモチベーションを高め、独自のアカデミックマーケティング戦略を企画し、現地顧客とも良好な関係性を短期で構築しました。期限内で黒字転換を達成させ、事業の再成長の基盤をつくりました。

彼女は「有言実行」の人で、仕事の進め方は「超高速でビジネスサイクルを回す」、まさしく「アジャイル型」です。何よりも、「勝利の方程式」を持っているように見えます。

この米国への素材輸出販売事業のときの手腕を見込んで、中国法人の総経理に就任してもらいました。彼女が就任する二年ほど前から、当社の中国事業の売上がピーク時の半分程度になり、業績低迷を打開する必要に迫られていました。

彼女は市場を俯瞰《ふかん》して分析し、効率よく事業を拡大する戦略をつくり、「まずは事業基盤を固める守りの体制を数カ月で構築する。その後、加速して攻めの活動に動く」

と最初に宣言しました。そう宣言することで、自身とチームメンバーの活動のモチベーション、使命感を高めたのです。

中国にも独特の業界コミュニティやネットワークが存在します。彼女は業界の新参者ではありましたが、非常に粘り強く人脈をたどりました。「関係（グァンシー）」と「面子（ミェンツ）」が重要な国だとはよく聞く話ですが、彼女の顧客との人間関係構築、業界ネットワークづくりの手腕は驚くべきものでした。

とくに中国の大企業の難しい人脈や階層構造などを、様々な方面から徹底して情報収集し、「面子」をつぶさないように注意を払い、「強い関係」を構築していくのです。スピードはあっても、あせらず相手の立場や状況に配慮してタイミングを定めます。そして顧客から必要とされるとき、その業績や課題に寄り添うスタイルで提案し、信頼を勝ち得ていきました。

中国法人はその後、業績をV字回復させ、再成長の軌道に乗りました。三年連続で「業績表彰」を受け、現地のメンバーもとても活き活きしています。**「有言実行=当事者意識」によって仕事を達成する喜びをチームで共有し、好循環を生み出したのだと思います。**

第4章

「自分ごと化」を身につけるために

Sense of Ownership

Sense of
Ownership

1 「自分ごと化」をカタチにする

□「あったら良いのに」を導き出す

これまでの章では、私の新人時代や若手の頃にご指導いただいた上司の教え、自分がその当時に実践したことからの知見、さらには社長を務めるアサヒバイオサイクル株式会社の社員たちの仕事ぶりから、「自分ごと化」につながる事例を紹介しました。

この章では、私自身がキャリアのなかで一番長く担当してきたマーケティング実務で得た経験から、「自分ごと化」をキーワードにヒット商品を生み出す考え方について述べてみたいと思います。

私はこれまで、酒類、飲料、菓子、一般食品、健康機能性食品、化粧品、医薬品などの分野でマーケティングを担当しました。B to B（法人企業への販売）、B to C（消費者へのダイレクト販売）、B to B to C（中間流通業を通しての消費者への販売）などの事業形態で、グループ内で二〇年以上にわたって、マーケティング業務に携わってきました。

その経験値から言うと、消費財、とくに「食」に関わる生活者の嗜好は保守的な傾向があり、「喫食、飲用の原体験」がある方が、ヒットにつながる成功確率が高いように思います。

たとえば、〝新食感〟〝新感覚〟とパッケージなどでアピールする食品や飲料の新商品がよくあります。しかし、実際に本当にこの世で出合ったことがない珍妙な食感や感覚のものはほとんどなく、何か別ジャンルで体験したことのある感覚をスライド活用した場合が多いのです。

つまり「へえー」「なるほど」「そう来たか」という程度の距離感がちょうどよく、あまりにも「未知との遭遇」であると、人間は自己防衛反応なのか、本能的に拒否感を示すのです。

したがってマーケティングの業務では、

「生活者のなかで、時々顔をのぞかせる潜在的な欲求を引きずり出し、顕在化している価値と掛け合わせることで、新たな価値を生み出す」

という「掛け算」の発想が有効です。

この考え方からすると、「ブランドリポジショニング」は一つの有効なマーケティング手段であり、完全なゼロベースでスタートするよりマーケティング資産を有効活用できます。リポジショニングの「的《まと》」を外さなければ、ヒット商品を生み出す確率も高いと思われます。

リポジショニングには色々な手法がありますが、もともと製品に備わっている物的価値に、潜在的に求められているであろう「生活のなかでの新たな用途」や「新たな使い場」などの提案を掛け合わせて、新規のブランドポジションをつくり出すことなどがメジャーな手法です。

この場合、「潜在的に求められているであろう＝あったら良いのに」を導き出すことが、マーケッターの活動の肝《きも》になります。

□誰かに話すことで「自分ごと化トレーニング」

こうした仕事の上で、「他人ごと視点」は致命傷です。自分がお金を払って買わないような商品・サービスを、他人は絶対買わないと思うぐらいがちょうどいいのです。単純なことですが、この感覚は仕事のなかでつい忘れがちになります。

自身がターゲットではない商品や広告を担当する場合もありますが、プロマーケッターには、あくまで「自分ごと化」する視点が重要になります。

マーケティング計画の実行可否のゲートとして、事前定量調査スコアの基準を設定していることがよくあります。定量的な判断基準は当然必要で、大失敗はしないという担保には充分なりますが、ある一定の規模を超える大成功まで予測するのは難しいように思います。

市場調査データはすでに起こったことの総和や平均値である傾向が強いので、延長線上での需要予測や効果測定には有効でしょうが、「未体験」の予測は難しいと考えられます。調査解析に使用する過去の蓄積データが、ヒットした実績値ばかりから成り立っていれば別の話ですが。

そこで、ヒット商品やサービスを生み出すには、有用な評価手法の開発が重要であるとともに、プロマーケッターとしては、「自分ごと化」が大切です。そのために、私にはライフワーク的にやり続けているトレーニングがあります。

たとえば、私たちは様々な情報メディアなどで、異業種、他企業の活動・新商品・新サービス・広告等を毎日のように目にしています。ランダムでいいので、興味のある事象の背景にある「戦略意図を推察してみる」のです。そして最後に、**「自分だったらどうするか」という「自分ごと化」視点を必ず考えてみる**のです。

幸いなことに、現在はＷｅｂなどで気軽に情報が入手できるので、時間をかけずに素早く頭のなかで考えをまとめることができます。その上で、考えたことを必ず誰かに話してみるのです。

自身の分析の精度にこだわる必要はありません。

◇戦略としてロジックの筋が通っているか

◇自分の意見との相違がある場合、なぜそうなったか

などを意識して、考えてみること自体に意味があります。

誰かに話すことでセルフチェックし、他人の意見を聞くことで自分の意見を今一度考え直すきっかけにもなるのです。

このトレーニングは、楽しみながら気楽にできるのでおすすめです。また、続けていると、ベンチマーク（指標・基準）する企業が自然にできて、その会社の戦略がつながって見えてきたりします。一〇〇〇本ノックとは言いませんが、ふだんから心がけ、続けていくことが大切です。

マーケティング業務に限らず、経営戦略を立案する業務などでも有効です。「買収や企業再編の戦略意図」などを題材に、同じようにクイックな「自分ごと化トレーニング」をすることもできます。

□「自分が財布を開くか」というリアルな感覚

これまでのキャリアのなかで、市場導入、ブランディングを手掛け、市場で一定

の評価を獲得したマーケティング施策には、「生活のなかでの飲用、喫食の場づくり」という「方程式」がありました。そのベースになったのが、「自分ごと化」思考だと考えています。

第2章1項で少し触れたように、一九九五（平成七）年発売の「アサヒ生ビール黒生」は、約二〇年間販売されて終売しましたが、二〇二二年にリニューアル発売されました。

当時、濃色ビールカテゴリーを形成するきっかけになり、「ヒット商品」として様々なマスコミに取り上げられました。通常のピルスナータイプの淡色ビールの「二次飲用需要」を狙うため、「アフター9のビールです」という飲む場面にフォーカスした宣伝コピーを使用しました。

あえて「飲用シーンを限定してフォーカスする手法」を、当時社内では「時間軸マーケティング」と称し、広報的にも情報発信していきました。そのような活動と、「黒生」の販売的な成功によって、社外でもマーケティングのケーススタディとして取り上げられるようになりました。

「時間軸マーケティング」の手法は、そこに潜在的な需要があれば興味を喚起しやすく、実際の消費行動を誘発するきっかけになります。しかし、このような新しい生活用途を生み出すためのアイデアや切り口は、通常の定量調査からはなかなか見えてきません。

「黒生」の場合は、定量的に処理することにも耐え得る、基礎母数を満たす世帯特性を持った数十世帯をベースに、数カ月の食事シーンやメニューなどを記録する日記調査を行ない、隣接ドリンクも含めてボーダレス視点で「黒生」の潜在的ポジションを探ってみました。

現在であれば、AIやデジタル技術の活用で、このような調査もかなり省力化されていますが、当時はなかなか手間のかかる地道な作業でした。現在の「SNS上で映える」ことを意識したような日記データではなく、ごくごくクローズされた日々の生活日記と、生活者の気持ちの吐露《とろ》がつづられたような調査データで、アナログにはアナログの良さもあったように、今となっては思います。

大量の定性情報を整理し、定量的な分析処理も組み合わせながら、「生活シーンのなかでのポジショニングの可能性を導き出す」過程では、とくに日常の生活に根差している嗜好品・食品ジャンルということもあり、「自分ごと化」して見つめる目を持つことが非常に重要であると実感しました。

なぜなら、調査から最初に見えるのは、「普通のビールで夕食の後、久しぶりに時間があったのでビールとは違うお酒を夫婦で楽しんだ」「寝る前に独りで本を読んだり、ゲームをしたりするのが至福の時間。そんなときにちょうど良い相棒的なお酒」など、多くの生活者の情緒やシーンの海です。そして、最終的にそのなかから浮かび上がる一定のニーズクラスター（需要の塊）から、「ゆったりした大人の時間を楽しむためのビール」というポジショニングにまで「確信を持って収斂《しゅうれん》」させていくことが必要になってきます。

私を含め、マーケティング担当者の多くが経験する失敗例として、定性情報から生み出した試作アイデアを、その後に定量的に検証していくステップ、あるいは社内に企画を通していく多くの承認ステップのなかで、本来つながっていないパーツを理屈で無理やりつなぎ合わせたような最終商品になってしまい、発売はしたものの お客様のニーズとはかけ離れてしまうことがよくあります。

機能性先行のイノベーション型の新規開発は別として、ビールのような嗜好品や食品などの場合は、「真に生活のなかに存在し得るか」ということを判断するために、**「自身が財布を開くかどうか」というリアルな感覚は大切**で、「自分ごと化」思考の原点です。

幸か不幸か、「黒生」は開発段階での周囲の期待値が低く、ほぼ社内からの意見や声は少なかったので、「自分ごと化」で考えることへのハードルはあまりありませんでした。

□「生活者目線＝自分ごと化」で企画する

同様の「時間軸マーケティング」の代表選手に、アサヒ飲料株式会社の「朝専用缶コーヒー」をうたった「ワンダ　モーニングショット」があります。こちらも二〇〇二（平成一四）年の発売なので二〇年続くロングセラー商品です。

ちょうど発売された時期にアサヒ飲料に出向し、翌年からブランド育成に携わりました。この商品は発売判断の経営会議の席上で、ネーミングも含めてすべての商品設計を「朝専用」にフォーカスするように、と当時の社長から指示があったそうです。

「朝」は、缶コーヒーやコーヒー飲料にとっては消費ボリュームゾーンの時間帯です。「限定してフォーカス」することには何らリスクはないのですが、「〇〇専用」という強い限定感が、他の時間帯の機会損失になるのではないかという意見が社内でも多かったようです。

「ワンダ　モーニングショット」2002年発売時パッケージ　アサヒ飲料（株）HPより

それでも当時、業績低迷で「背水の陣」であったアサヒ飲料の社長が、リーダーシップを発揮して商品開発を推進しました。

普通に考えても、「〇〇専用」と言われたからといって、その通りに消費する人はほとんどいません。それよりもコンセプトのエッジを立てることで興味を喚起し、消費行動に結び付ける方がはるかに商機は大きいのです。ましてフォーカスした用途が、消費ボリュームゾーンであればなおさらです。

コンセプトのエッジが効いた商品は、ユーザーの生活動線を追っていくだけで、魅力的な企画案があふれてきます。だからこそ、「生活者目線＝自分ごと化」で企画することが重要なのです。

「朝専用缶コーヒー」のＰＲ策として、ビジネスパーソンの朝の生活実態調査などを行ない、〝朝活〟白書として情報発信などをしました。その後、様々な朝専用の食品やサービスなども次々に登場し、生活者のシーンを切り口とした「朝専用カテゴリー」の創出に一役買うことになったのです。

Sense of Ownership

2 ヒットの法則と「自分ごと化」

□「消費の現場視点」で疑問と仮説をつなぐ

成功確率が高いマーケティング手法として、もう一つ事例を挙げます。〝業務用から家庭用へ〟の「消費の場のシフト」、すなわち「消費の場づくり」です。外食などでの「喫食・飲用の原体験」が、家庭用市場導入へのハードルを下げてくれるため、家庭内で潜在的な需要を喚起できれば、安定的な市場になり得ます。

じつは前項で紹介した「黒生」は、「時間軸マーケティング」だけでなく、業務用から家庭用に価値をシフトさせて市場導入に成功した事例でもあります。

もともとの発想の原点は、「ビアレスランなどの外食では、濃色ビールを頼む人は多いのに、なぜ、家では飲まないのか？」という素朴な疑問からでした。そこで家庭用にはまる用途があるかどうかを考察し、ピルスナータイプの通常ビールの「二次飲用」の選択肢として提案しました。

当時はワインやウイスキーなども、現在ほど家庭内での市民権を得ていなかったことも幸いでした。外食ではメジャーな黒生ビールが気軽に買え、ストレートでもハーフ&ハーフでも自宅で楽しめるということで、夕食時のドリンクの「味変」や、食後のパーソナル需要を獲得しました。

業務用から家庭用への「消費の場のシフト」で大成功を収めた事例には、アサヒ飲料の炭酸水ブランド「ウィルキンソン」の家庭向けペットボトル商品の市場導入があります。二〇一一(平成二三)年にアサヒ飲料のマーケティング部門長時代に手がけた商品です。

一部先行発売からスタートし、反応が良好だったことから全国発売に拡大しました。現在では同業他社も追随して数多くの炭酸水ブランドが投入され、清涼飲料市場の一大カテゴリーになっています。自身の経験で言うと、「黒生」のときのデジャヴュのような発売までのステップでした。

「ウィルキンソン」は、ずっとバーなどの業務用向けで、透明な小瓶入りの商材でした。有名バーテンダーのお店などで長年ご愛顧いただき、とてもきめの細かい泡が出るので、「割り材として最高だ」と支持されていました。

家庭用ペットボトル商材として新発売する際に、アサヒビールの業務用営業からは「バーテンダーはウィルキンソンの希少性が好きだから、苦情になるのではないか」と心配の声が上がりました。このあたりも、「黒生」のときと似ています。

販売数量は、業務用商材の頃は、年間一五〇万ケース前後で推移していましたが、家庭用にシフトして以降急成長を遂げ、現在三〇〇〇万ケースを突破しているので、二〇倍以上の売上規模になっています。

家庭用への投入のきっかけは、大手小売業のバイヤーが、当時割り材用として常温棚に少量並べてあった小瓶のウィルキンソンが安定的に細々と売れているのに目をつけたことでした。家庭内でも需要があるのかと、今度は小瓶商品を「冷ケース」にも置いてみたのです。するとやはり安定的に売れるとのこと。

これが決め手になって「冷やしてダイレクトに飲む需要が一定数あるのではないか」という仮説が成立しました。常温ならば割り材かもしれませんが、冷やしたものを買うのはすぐに飲む可能性が高いのです。

確かに、「海外ブランドの価格の高い高級炭酸水」は、外食などではメニューにありましたが、日本の家庭では普及していませんでした。ミネラルウォーターやお茶のような「無糖飲料」が市民権を得ているのに、無糖の炭酸飲料が受け入れられないのはおかしいと思いました。

こうした「消費の現場視点」での疑問や仮設をつなぎ合わせると、「生活のなかで、日常的な価格帯、容器で、ストレート飲用できる炭酸水」という、潜在的な需要が浮かび上がってきたのです。

ウィルキンソン　ブランド売上推移

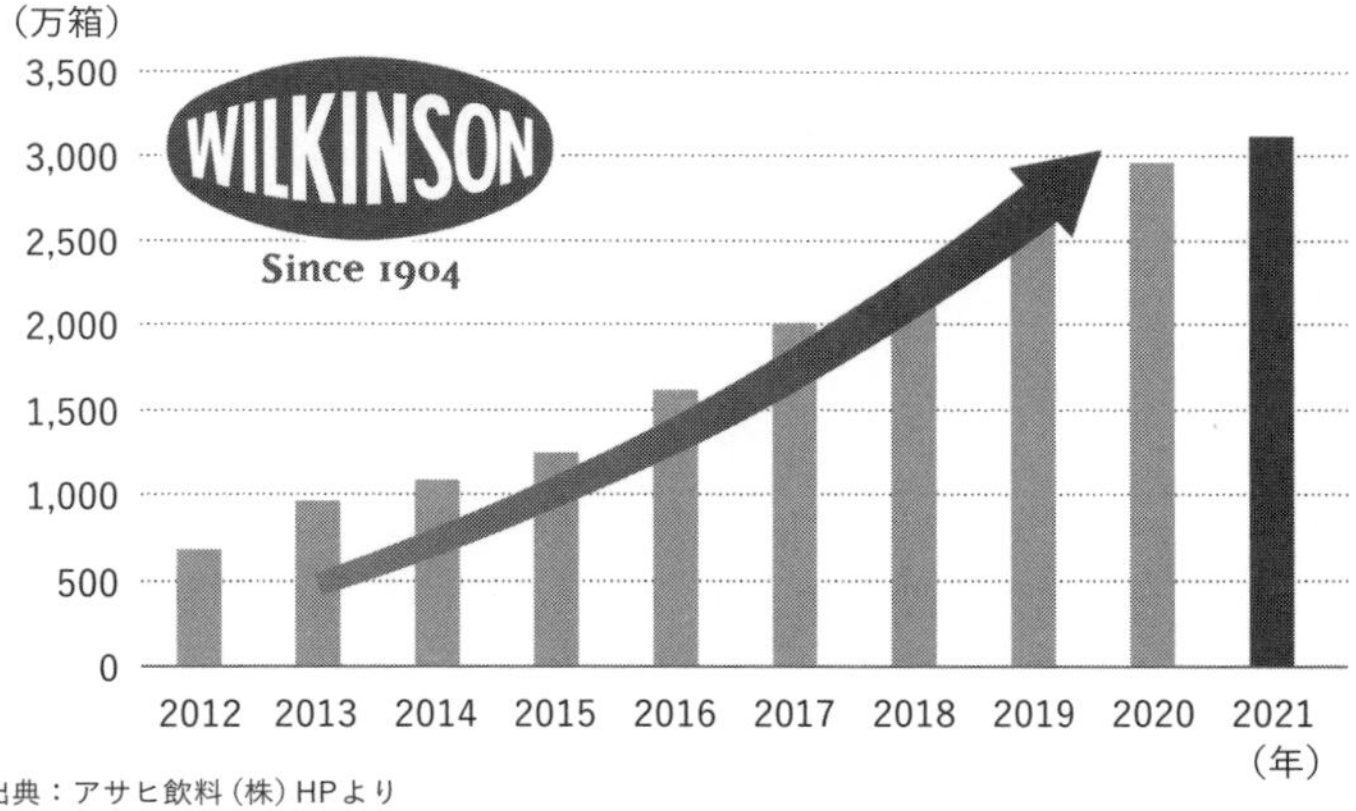

出典：アサヒ飲料（株）HPより

「ウィルキンソン」は市場導入当初は、マーケティング予算も少なく、広告もほとんど投入しませんでしたが、驚くほど売れました。その後現在に至るまで、小売流通の飲料売り場で、トップクラスの売上で継続的に推移しているようです。

それだけ「あったら良いな」と潜在的に思われていた商品だったということでしょう。炭酸水は誰にでも「飲用原体験」があり、またウィルキンソンは一〇〇年超のロングセラーブランドです。ロゴデザインにも、外食の場などで「どこかで見たような」既視感《きしかん》があったので、急に飛び出してきた新参者ではなかったことも成功要因だと考えています。

□隣接カテゴリーから湧き出る需要の源泉

第2章でも触れたタブレット菓子ブランド「ミンティア」の事例では、「隣接カテゴリーでの不満解消」という視点で、ブランドに新しいヒット商品をもたらすことができました。

もともとはポーラフーズ株式会社のブランドだった「ミンティア」は、二〇〇三（平成一五）年にポーラフーズがアサヒグループに加わった際に移管されました。その後、二〇〇五年にはタブレット菓子市場の販売個数で、二〇〇七年には販売金額でトップになって以降、順調に売り上げを伸ばしました。

二〇一三年、アサヒフードアンドヘルスケア株式会社の食品マーケティング部長時代に手掛けた商品が「ミンティアブリーズ」で、さらなるブランド成長の起爆剤になりました。

それまでミンティアは、店頭で約一〇〇円程度の価格で販売されていた小粒ミンティアがレギュラーラインでした。

「ミンティアブリーズ」は、約二倍の価格帯の「大粒のミンティア」という新ラインであり、現在はレギュラーラインのミンティアとともに主力ラインに育っています。この商品も、生活のなかの「使い場＝潜在的な需要」を創出した典型だと考えています。

スーパーやコンビニなどの棚には、ガム、キャンディ、錠菓《じようか》など、大まかな括りの「カテゴリー」ごとに商品が並べられています。これはどちらかと言えばメーカーや流通視点での物性を重視した「プロダクトアウト的な括り」だと言えます。

しかしながら新たな需要を生むものは、「カテゴリーの垣根を越えた生活者視点でのニーズや用途」であることが多いのです。したがって「隣接カテゴリーの商品の不満点（買わない理由）を解消するような物性を持った新商品」は、生活の使い場に確実にはまり、ヒット商品になりやすいのです。

「ミンティアブリーズ」の場合、隣接カテゴリーのキャンディやガムの「不満点の解消と代替機能を付与」したことで、需要を創出しました。

当時実施した消費者調査では、キャンディは「長時間舐《な》められるメリット」がありますが、一方「糖分や甘さが気になる」との声が多かったです。

また、ガムは「咀嚼《そしやく》音《おん》が周囲に迷惑をかけていないか気になる」「噛《か》む行為は顎《あご》が疲れる」「噛んだ後のゴミの処理が面倒」。さらにキャンディもガムも「会議中は不謹慎になるので食べない」など、買わない理由や不満点が様々出ていました。

一方、輸入プレミアムタブレット菓子は、「缶容器の場合が多く、持ち運び時や開封時に音がして煩《わずら》わしい」「価格が高くて日常使いできない」というデメリットが挙げられていました。

「ミンティアブリーズ」は、長時間舐められる大粒で、糖質・カロリーはもともと低い上、毎回の喫食時にはゴミは出ませんし、咀嚼音もほぼしませんし、口中清涼タブレットは口に入れていることがわかりにくいためか、慣例的に会議中も許容される場合が多いのです。

手頃な価格帯で、薄型容器で音も比較的気にならない設計としました。隣接カテゴリーに目を向けると、そこには「生活のなかにピッタリはまる、需要を創出できる源泉があった」のです。隣接カテゴリーの不満点を解消しつつ、メリットもカバーした商品なので、レギュラーラインの小粒ミンティアとのカニバリゼーションもほとんどなく、売り場全体の活性化にもつながりました。

□ヒットのヒーローは一人じゃない

ヒット商品の発売の背景やストーリーをわかりやすくするために、「ヒットメーカー」という特定人物を取り上げ、マスコミなどで紹介する場合が多くあります。「象徴的なヒーロー」を立てた方がＰＲもしやすいので、企業サイドからの発信もそのような手法をよく使います。

しかし、長年マーケティングに携わってきましたが、一人のヒーローの力だけで成功にたどり着く商品はないと言い切れます。様々な知恵を結集した方が、良いアウトプットにつながる確度がより上がるというのが実体験です。

むしろ社内外で関わるメンバーの様々な知恵を結集し、向かうべきベクトルがぶれないように適切にリードし、コーディネートする中心機能が欠かせません。その筆頭と言える手法が「ブランドマネジメント制」ですが、戦術的に有効な手法として「チーム・マーチャンダイジング（MD）」や「テストマーケティング」も紹介しておきたいと思います。

チームMDは、一般に「スーパーマーケットやコンビニエンスストアなどの小売業のプライベートブランド（PB）開発」で使われる言葉であり、メーカー・卸売業・小売業の各社がチームとなって商品開発などを行ないます。

三者が一体となることによってオリジナル商品開発がスムーズになり、顧客の声やニーズを商品に直接反映させることが容易になります。小売店頭の販売であるため、実需に基づいた生産や出荷を柔軟にできるメリットがあります。

ところが、小売業もチームMDを経るごとにスタンスが変化し、PB開発の目的とは別に、たとえメーカーのナショナルブランド（NB）であっても、ヒット商品の誕生こそが重要であり、商売上メリットが大きいとの判断で、自社売り場のコンセプトに合う企画であれば、ＮＢの「テストマーケティング」に協力していただける企業が増えました。

テストマーケティングは他企業で未発売の商品を先行発売するものですから、結果は未知数です。しかしながら、可能性を感じる新商品を先行で投入できるだけでもメリットだと言っていただく場合も多いのです。

テストマーケティングは、特定の店舗やエリアを選定し、実際に新商品として販売し、販売状況、購入層のデータを分析するものです。異なるフレーバー品種ごとの売れ行きの違い、違う店頭ＰＯＰごとの売上効果なども検証し、可能な場合は出口調査もあわせて実施します。

また、自社の売上アップだけでは新商品の役割は果たせないので、売り場全体の収益アップにつながったか、集客効果による併売行動を起こしたかなど、ご協力いただいた小売業とＷＩＮ‐ＷＩＮが成立したかも確認します。

実際にお金を払っていただく価値があるかを正確に見るには、テストマーケティングに限ります。仮想の消費者調査による購買テストでは、わからない部分が多いのです。とくに大型の設備投資を控えている企画などでは、これにより自信を持って投資することができます。

また、テストマーケティングにより、全国発売に向けて商品のバージョンアップすべき部分を発見することができます。これまで紹介してきたヒットの事例は、このテストマーケティングのステップを踏んだ商品が多いのです。

今まで一緒に仕事をさせていただいたコンビニのMDの方々は、フランチャイズチェーン（FC）ビジネスであるため、**「FCオーナーの人生・生活を背負っている」という強烈な使命感を持っている**ように感じています。これこそ究極の「自分ごと化」であり、そうしたメンバーのチームMDがヒット商品を誕生させるのをたくさん見てきました。

やはり、一人の天才やヒーローだけで生み出すヒット商品など存在しないのではないでしょうか。

Sense of Ownership

3 メンターの重要性

□国も推奨する「メンター制度」の課題

近年、メンター制度を導入している企業が増えています。若手社員などの悩みに対して、年齢や社歴の近い先輩社員が助言する制度のことで、英語のmentor（良き助言者・指導者）に由来します。サポートする側を「メンター」、サポートされる側を「メンティー」と呼びます。

客観的なアドバイスが可能になるよう、メンターとメンティーは別の部署に所属する場合が一般的なようです。雇用の多様化、流動化が進む昨今、企業への定着や適切なキャリア開発に向けて、厚生労働省などもメンター制度を推奨しています。

アサヒグループでは伝統的に、「ブラザーシスター制度」が存在しています。新入社員や異動して初めての業務を行なう社員が独り立ちできるまで、同じ部署の先輩社員が実務をＯＪＴ（On the Job Training）指導することを言います。

一般的な「メンター制度」と「ブラザーシスター制度」の違いは、先輩社員が後輩社員のキャリア形成やメンタル面のサポートを行なう点では類似していますが、「メンター制度」では基本的に後輩社員とは別の部署の先輩社員が助言を行ない、とくにメンタル面のサポートに注力します。一方、「ブラザーシスター制度」では、同じ部署の先輩社員が担当し、実務面の指導が中心になります。

外部の人と話をすると、メンターを制度化することの是非について、様々な意見を耳にします。「メンター制度」を導入している企業の問題点として、制度的にペアを組むことになるため、「表面的な会話や雑談になってしまう」「メンターが別部署で業務状況がわからず、たんなる説教になりがち」「そもそも何を話せばいいのかわからない」などが双方の本音の場合が多く、メンタリング効果が見えにくい状況が発生しているというのです。また、メンター側が実務リーダーなどの職位である場合が多く、そもそも自身の抱える業務が多忙で、更なる業務負荷や優先順位の問題が発生し、継続性が保てないなどの課題も聞きました。

□ メンターは自ら師事し、求めるもの

「メンター」について経験に基づいた考えを述べますと、私にとっては非常に重要な存在でした。メンターなくして、アサヒグループのなかでキャリアを形成してこ

られなかったと実感しています。

私の言う「メンター」とは、ずばり、『「自分ごと」』としてキャリアを導いてくれる人」というイメージです。前述した「制度化されたメンター」とかなり性格が違います。

なぜかと言えば、「キャリアを積んでいくためには、成長のステージにあったメンターが必要」だと実感しているからです。そして、メンターはその成長ステージのキャリアに対して、「客観視点と当事者視点の適切な使い分け」ができ、「現実的かつ、具体的なアドバイス」ができることが鍵となります。

長期的なキャリア形成のための真のメンターとの関係は、「制度化」という外的な力によって成立するものではなく、自らどのような人に相談すべきかを見極めて行動しないと、真にほしいアドバイスは得られないのです。

「自ら能動的に師事し、求めにいく姿勢」こそが、真のメンターと出会うためには大切なのです。

私には、社内では四名のメンターがいました。

営業担当時代のメンター、マーケティングや事業戦略業務時代のメンター、組織長としてのメンター、経営戦略のメンターです。

一般的なメンターの定義は無視し、私の場合は、社内メンターは上司や他部門の

メンター制度とブラザーシスター制度の違い

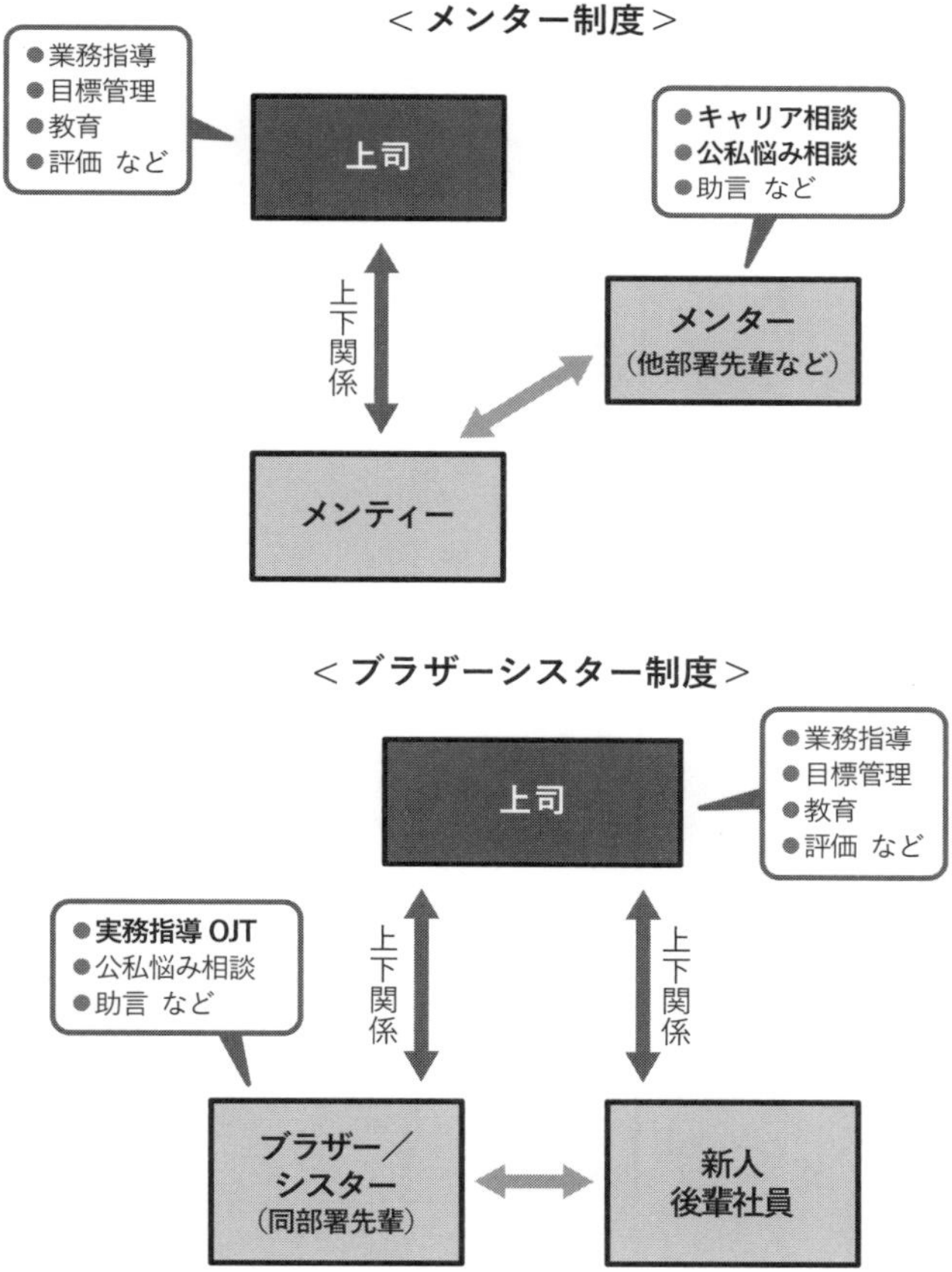

上位者でした。一度メンター、メンティー的な関係が構築できると、継続して相談することができるので、メンターの存在が多重構造になってくる感じがします。継続すればするほど、私がたどってきたキャリアも理解されているので、いただくアドバイスもより重み、深みを増してきます。また、新たな成長ステージで出会うメンターには、新たなアドバイスや知見をインプットしていただけます。

実は、お二人のメンターが早逝《そうせい》されてしまいました。本当に残念でなりませんが、いただいた御恩と教えは今も忘れずに頭と心に刻んでいます。

□「社外メンター」で広がる視野

こうした経験から、会社主導で実効性のある「メンター制度」を構築するのは、なかなか難しいというのが私の意見です。しかし、私のような考えを若いビジネスパーソンに話すと、「メンターになってくださいと頼むんですか?」とかなり多くの人が聞いてきます。

そんなに構える必要はありません。「○○さんのメンターです」と名札を貼って歩く人はいませんから、形式にこだわる必要はないのです。**自身でメンターと仰ぐ人に相談していくうちに、生まれる信頼関係がすべて**です。

いつでも気軽に相談でき、自身の状況をかなり的確に把握してくれて、適切なアドバイスが受けられる関係性。それを自身のなかでメンターとして、「勝手に師事」すればいいのです。

もちろん、相談する相手を選ぶ眼は重要ですが、他人にアドバイスや意見を求めることを躊躇《ためら》うのは、大きな損をしていると思います。相談しているだけで、迷っていた内容が整理されて、自身の考えがまとまることもあるので、解決策に至らなくても価値は充分あるものです。

また、第4章でお話しした「自分ごと化トレーニング」は、ケーススタディ（事例研究）のようにして、自分の考えをメンターにどんどん話すことをおすすめします。様々な切り口の違った分析や見解を得られて、大変有意義です。

そういう機会を重ね、日頃から共通言語や思考パターンなどを共有していくことで、自身の相談のレベルも深化していきます。

さらにメンターを求めるとき、既存組織や社内の限られた領域だけで考えていると、得られるアドバイスの幅が狭くなりがちです。メンターへの相談は、社内の「報・連・相」のような通常のレポートラインとは異なります。

社内の他部門はもちろんですが、「社外メンター」も客観的、俯瞰的な視点でのアドバイスが得られるので非常に有効です。社外でメンターを選ぶ以上、現実的

メンターの重要性（キャリアを導く者）

□キャリアのステージごとに異なったメンターの存在が不可欠

□インプット⟷アウトプットの導き手が必要（インプット機会のアドバイス）

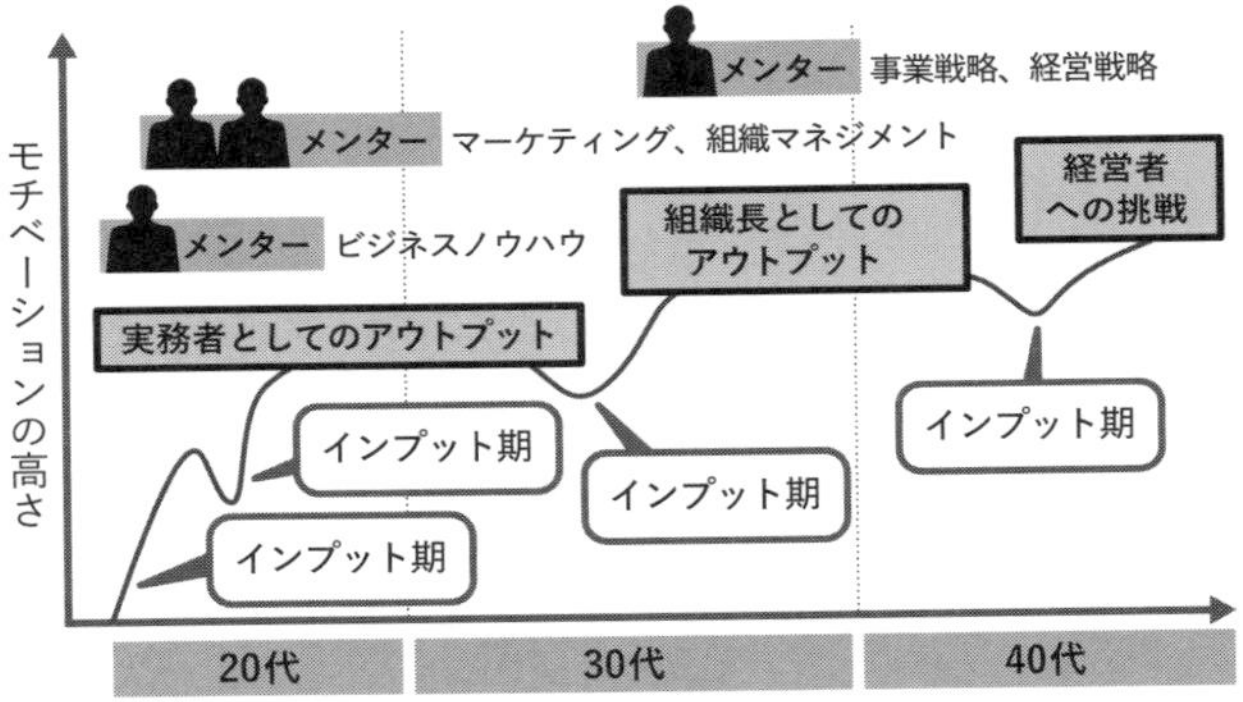

で、具体的なアドバイスが得られるかどうかが重要です。

◇自身の状況やステイタス（立場）を長期にわたり把握していただいているか

◇ビジネスの質や領域について、理解を得られる知見を相手が保有されているか

◇自分より高い視座や広い視野でのアドバイスをいただけるか

などを要件として判断するのが良いと思われます。

「社外メンター」の場合、自身の仕事内容について相談する際は、あくまで自社の守秘の部分をブラインドにするなど、うまく内容をケアすべきなのは当然です。

たとえば、私の「社外メンター」は、異業種の方で、二〇年超の交流があり、マーケティングや経営戦略についてつねに議論できる関係です。現在はお互いに経営者の立場になっているので、その点でも良きアドバイスをいただけています。

また、もう一人の「社外メンター」も同様に長い交流がありますが、比較的近い業種で同じようなキャリアの先輩格の方です。それこそ守秘にはお互いに気をつけていますが、「自分ごと化トレーニング」のためよく一緒に議論させていただいています。まさに一〇〇〇本ノックのコーチです。

広く浅い社外ネットワークも重要ですが、「社外メンター」という存在も是非意識して、「勝手に師事」していくことをおすすめしたいと思います。

第5章

企業にも求められる「自分ごと化」

Sense of Ownership

Sense of
Ownership

1 組織のなかで「出る杭」になる

□ 世代間ギャップをどう埋めるか

「自分ごと化」を突き詰めていくと、企業活動のなかで「能動的にアクションを起こす」、または「自身の業務以外の範囲のことに、越境して意見やアドバイスを進言し、提案をする」という行動になります。

提案の内容はさておき、仕事に対するポジティブな行動自体は、本来は称賛されるべきだと私は思います。

しかし日本の企業組織では、出過ぎた提案や自分の担当範囲を超えたアクションを起こす社員を良く思わない傾向があり、「出る杭《くい》は打たれる」の言葉の通り、しばしば攻撃の対象になります。

「出る杭」は、空気が読めない（KY）、忖度《そんたく》できない、無用な軋轢《あつれき》を生むなどと言われて否定されてきました。しかし、もはやそうした感覚は過去の遺物と捉えるべき時代になっているのです。

社員が頭の揃った杭のごとく、既存の枠内に収まって、言われた通りの業務だけを忠実に行ない、余計なことは言わず、目立たないよう気をつけながら仕事をする――こうした風土を長年良しとしつつ、急に「イノベーションが起きないのはなぜか?」「ダイバーシティ（多様性）の目標数値が達成できないのはなぜか?」と問題視しても、「出る杭」を認めない日本の社会の慣習や組織風土が招いた必然としか言いようがありません。

「出る杭」になるのは、ある意味「自分ごと化」のなせる業《わざ》ではないかと私は思っています。

現在の日本企業の一部では、海外企業との生産性の格差や競争力の低下を背景に、長年にわたり人財の維持・確保の基盤となってきた「年功序列・終身雇用制度」を廃止し、新たな「ジョブ型雇用」の導入などが進んでいます。

さらに「組織に迎合《げいごう》するタイプの社員の存在が、会社を危《あや》うくする」とさえ言われ始めています。

そのような環境の変化により、どの企業でも「出る杭がイノベーションを生む」「出る杭を推奨しよう」という〝掛け声〟は高まっています。しかし、現実には日本社会の隅々まで浸透している価値観を変革するのは、なかなか難しいのが本当のところだと思います。

今、一般的な日本企業の年齢構成のピラミッドによると、圧倒的に五〇代を中心とするバブル世代＋団塊《だんかい》ジュニア世代（X世代）の人口層が厚く、その世代が各企業の重要ポジションを担っています。年功序列・終身雇用制度による社内の論理、価値観のなかでキャリアを積んできた世代に、「出る杭」を称賛する価値観はなかなか馴染みません。現実には、「出る杭」を推奨するような大胆な変革や人事制度などの導入事例は限られているのです。

一方、組織のイノベーションやダイバーシティ推進などの観点から欠かすことのできない、三〇代を中心とするデジタルネイティブのY世代、Z世代の一部は、そうした企業の論理やX世代上司との価値観のギャップを埋められず、定着率が悪化しています。

一部のカリスマ経営者の方の「出過ぎた杭は打たれない」との名言もありますが、なかなかその域には行けないというのが大方の本音でしょう。

それでもこうした企業内の世代間ギャップを埋め、「出る杭」とは「自分ごと化している社員のポジティブアクション」として推奨する企業風土をつくる努力が大切な時代になっていると思うのです。

各種世代論

日本の世代論	誕生年 （2023年時点の年齢）	海外の世代論 （欧米）
団塊世代	1947〜1951年頃 （76〜72 歳位）	
ポスト団塊世代	1952〜1960年頃 （71〜63歳位）	**ベビーブーマーズ** 1946〜1964年頃 （77〜59歳位）
新人類世代	1961〜1965年頃 （62〜58歳位）	
バブル世代	1966〜1970年頃 （57〜53歳位）	
団塊 ジュニア世代	1971〜1974年頃 （52〜49歳位）	**X世代** 1965〜1980年頃 （58〜43歳位）
ポスト団塊 ジュニア世代	1975〜1982年頃 （48〜41歳位）	
ゆとり世代	1987〜2004年頃 （36〜19歳位）	**Y世代** 1981〜1996年頃 （42〜27歳位）
さとり世代 （ゆとり後期世代）	1996〜2004年頃 （27〜19歳位）	
脱ゆとり世代	2005年頃〜 （18歳位以下）	**Z世代** 1996年頃〜 （27歳位以下）

親子関係
親子関係

※各種世代論を参考に著者作成

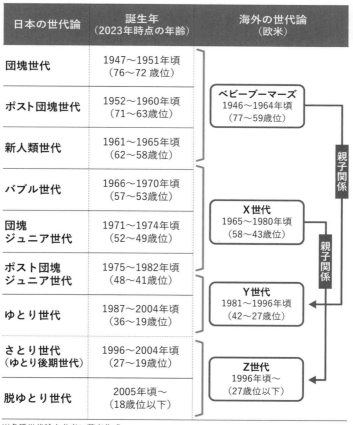

□まずは「会議での発言」から始めてみる

「出る杭とは、自分ごと化している社員のポジティブアクションである」とする風土をつくるために、マネジメント側は、

「会議の場で、意見や質問などを何も発言しないのは、働いていないに等しい」

という意識の醸成《じょうせい》から始めてみるのはどうでしょう？

メンバーが発言しやすいよう上位者がコメントを控える、会議に参加しないといった話をよく聞きます。しかし、そのようにお膳立てをしてもらわないと発言ができない過保護な体制は本末転倒だと思います。

「会議」というくらいですから、出席して座っていることが役割ではありません。「議論」に参加することに意味があるという本質を、きちんと部下に伝えることが大切です。

そもそも会議で発言するとなれば、たとえ他部門のことでも当事者意識を持って、資料を事前にしっかり読み込み、自ら調べるようになるはずです。メンバーの視野を広げる意味でも、大変有効なことです。

コロナ禍で、オンライン会議が増えました。デメリットもありますが、メリットとしては発言する人の顔ぶれが変わった感触があります。対面会議だと、「上位者

や先輩が発言してから」と周囲の様子を気にしてから発言するか、黙っているメンバーが多かったのです。

しかし、オンライン会議では、とくに若手メンバーが周囲を気にせず発言するようになってきています。

オンライン会議システムには「挙手機能」があり、周囲を窺《うかが》わずに挙手しておけば発言ができるので、発言のハードルが低くなっているのかもしれません。対面だと感じてしまう、上司や先輩などからの「なんとなくの見えない圧力」がないのでしょう。

できれば対面会議でも臆せず、どんどん発言してほしいのですが、まずはオンライン会議で練習するのは大きな経験になります。そうすれば、会議のテーマに「自分ごと」として取り組むことができるようになるはずです。

一方、「自分ごと化」のポジティブアクションとしての会議は、参加者として発言することだけではありません。事務局として、状況によってはたんなるタイムキーパーの司会役ではなく、ファシリテーター(facilitator)やモデレーター(moderator)になる必要があります。

たとえばファシリテーターの場合は、具体的には、会議を円滑に回し、結論をきちんと導き出す力が求められる役割です。会議がどういった局面を迎えているのかを把握しながら、適切に進行させなければなりません。意見が対立し、議論が紛糾しそうになったら、仲裁に入って意見をまとめ上げ、両者の中間点を模索する必要があります。

会議に参加できていない人間がいたら、その人間に意見を求めるなどして、議論への参加を促します。ファシリテーターとして、出された「意見」を尊重し、参加者に発言しやすい雰囲気を提供して議論を活性化させます。

会議におけるファシリテーターの最後の役割は、これまで議論してきたことを集約し、一つの結論としてまとめ上げることになります。参加者全員が結論を理解しているかどうか、確認することも重要です。

また、モデレーターの役割は、ファシリテーターと同じような進行的な役割ですが、中立的な立場で問題解決に導くこと、ファシリテーターと違って自身の意見も述べる必要があります。日本語で「仲裁者、調停者」と訳されます。

いずれにしても、会議の事務局は議題によって、たんなる司会でいいのか、ファシリテーターやモデレーターとして、「会議を俯瞰し、回す」「一定のゴールに導く」という行為が必要なのかを判断した上で臨む必要が出てきます。

その役割は、マネジメント業務に通じるものがあり、とくにミドルクラスメンバーの育成には大変重要だと私は感じています。

□「出る杭」として組織に生きる心構え

とはいえ、理想と現実のギャップは相変わらず存在し、すぐに大きく状況が変化するわけではありません。「出る杭」にとって、生きにくい世の中は続いていきます。そうしたなか、とくに若い世代では、会社という組織を離れ、起業する人も増えています。

しかし、それでもあえてビジネスパーソンとして会社組織で活躍していこうと思ったら、キャリアに対する意識の持ち方を変えていく必要があるかもしれません。

私見ですが、「出る杭」は会社組織のなかでは、とかく傍流のミッションやポジションに配置されがちです。ただ、ここで「傍流」というのは、客観的に見て企業収益の大半を占める部門や、コア事業にあたる部門ではないというだけにすぎないとも言えます。

従来の企業社会における「主流」、すなわち日本型の年功序列のピラミッドや、一つの梯子《はしご》に全員で列をなして登っていくキャリアではないというだけで、別に悲観するような話でもないのが今の時代です。

「多様性のあるキャリアを積み、多様性のある働き方をするチャンス」

と捉えたら良いのです。「急がば回れ」という発想です。

近年、多様性のあるキャリアが推奨されています。大企業のトップの経歴紹介などでも、その企業の基幹事業畑の出身ではないことを、ポジティブに紹介する記事が目立つようになりました。「傍流人事が異能をつくる」といった書き方で、紹介されることが増えています。

なぜ「傍流人事」を経験したことを、ポジティブに捉える風潮になってきているのでしょう。その上で大企業のトップにまでなる方は、様々な事業形態や分野を経験することによって、おそらく「分野が異なっても、仕事で成果を上げるための普遍的セオリー」を導き出されているからでしょう。

社内外のどこでも応用できるビジネススキルを身につければ、まさに「鬼に金棒」ということだと思います。

私自身のキャリアを振り返っても、数多くの出向で様々な分野と形態のビジネスを経験したことで、仕事で目標を達成するには「一定の法則性」が存在することがわかりました。その一つが本書で述べている「仕事の『自分ごと化』」です。

多様性時代のキャリアは、**「本流」や「傍流」という視点ではなく、どのような状況下でも成果を上げられる能力やスキルを身につけていくチャンス**と捉えるべきだと思います。

「どうせ言っても無駄」「疑問に思うけど黙っておこう」「これを言ったら嫌われるかも」などといった気持ちから、その場をやり過ごすのは「他人ごと思考」の働き方です。

これでは仮に平穏な会社生活は送れても、仕事を通して得られる「充実感」や「やりがい」などにはなかなか出合えないと思います。どのような組織に所属し、どのような仕事をしていても、「自分ごと」だと本気で考えて行動すれば、現状をより良くする道が拓けてくるのではないでしょうか。

□「自分ごと化」を人財の評価軸にしたい

二〇二三（令和五）年は、コロナ禍に入ってすでに三年以上が経過しています。また、ロシアのウクライナ侵攻、極度な資源・コスト高など、先の読めないVUCA（ブーカ）の時代が常態化し、つねに激しい変化が起きているような状況が続いています。

そうしたなか、働く人の価値観、働きがいの変化、ワークライフバランスの重視など、生活環境にも様々な変化が起きました。それを背景にビジネスパーソンの転職市場は活況を呈しており、アサヒバイオサイクル株式会社でも、キャリア人財の採用に力を入れています。

当社のビジネスは海外収益が八割を占め、人・動物・環境のワンヘルスを志向するビジネスであるため、

「海外で自ら事業を切り拓いていきたい」

「持続可能な社会の実現に貢献しながらも、きちんとビジネスとして拡大させたい」

などの非常に頼もしい志望理由で応募してくる方が増えています。

「転職」によって新たなキャリアを自ら求めるだけあって、実際に入社したキャリア人財の特徴として、仕事を「自分ごと化」した積極的な提案が多い傾向を感じます。

その事例を一部だけ紹介してみます。

【ケース①】

前職は、商社で近接事業分野の業務を手掛けていた。転職後、三カ月程度の準備期間を経て、海外拠点に駐在。着任後、二週間も経たない時期に根拠データもしっかりした事業拡張計画案を提案してきた。社内で検討し、現在プロジェクト化して実現を目指している。転職を機に、これまでの知識やスキルをフル活用し、新たなフィールドで自身のやりたいことを実現しようとするポジティブアクションを続け

ている。

【ケース②】

採用面接時に、食料問題や環境問題など、当社事業の背景となる社会課題解決への意欲を「現実的な事業視点」で熱く語っていた。夢を夢として語る人は多いが、現実的な事業を通じてどのように実現させていくかを具体的に話す人は少ない。人事専門家の評価基準からはやや逸脱していたかもしれないが、キャリア入社の人財こそ、「自分ごと化」の思考があるかどうかを判断基準にしたい。現在、海外駐在先でしなやかに現地に適応しつつ、事業拡大に挑んでいる。

こうしたキャリア入社のメンバーたちと、事業を熟知する既存メンバーがともに高めあうことで、組織が活性していくと私は考えます。

土壌のなかには様々な微生物が生きている「菌叢《きんそう》」があり、「多様性（ダイバーシティ）のある状態」の方が、作物の収量や品質が良くなります。私は企業のあり方も、これとまったく同じではないかと思います。

「当事者（＝自分ごと化）意識」を強く持って取り組む姿勢は、仕事の「プロセス評価」の一環で評価すべき重要事項だと思います。人間の「意識レベル」では定量評価が難しいですが、「能動的なポジティブアクション」からの成果物（アウトプット）で判断すれば、その質や量で量《はか》ることは可能です。
その際に、「期待値」とそれに対しての「加点（＋α）評価」をうまく使うことが大切です。こうして人事評価の仕組みの面からも、「出る杭」的なポジティブアクションを後押しすれば、社員の意識が変わるのではないかと思います。

こうした業務プロセスに関する評価は、評点をつけるだけでなく、「1 on 1」による丁寧なフィードバックをあわせて行なう必要があります。それによって、個人の「当事者意識」が高まり、「自分ごと化」の連鎖が組織内で起きやすくなるはずです。

また、人財の採用活動において、一般的に「適性評価」を実施する企業は多いと思われますが、その際にポジティブアクションの項目等を設け、「自分ごと化」できる社員を採用するためのベンチマーク指標として活用することも有効でしょう。

さらに言えば、人事部門などの人財の採用や育成を行なう部門に、「出る杭」タイプの社員を配置することも採用・評価基準の変化につながり、「自分ごと化」を推奨する企業組織風土改革への早道かもしれません。

Sense of Ownership

2 サステナビリティの秘訣は「自分ごと化」

□ SDGsにビジネスチャンスを見出せるか

ここまでは「個人」に特化して、「自分ごと化」の大切さを述べてきました。しかし企業そのものが自身の利潤追求ばかりに意識を向けているようでは、社員にそれを求めても無理というものです。とりわけ昨今の企業経営にあって重視される「サステナビリティ」は、まさに「他人ごと思考」では決して対応できません。

「サステナビリティ」とは、日本語で「持続可能性」の意味で、「環境・社会・経済などが将来にわたって適切に維持・保全され、発展できること」（『デジタル大辞泉』）と説明されます。現在では、「経営とサステナビリティは一体」とさえ言われ、その重要性はますます高まっています。

二〇〇六（平成一八）年、国連が「責任投資原則」を提唱し、持続可能性を重視するＥＳＧ投資が拡大を見せています。ＥＳＧとは、環境（Environment）・社会（Social）・ガバナンス（Governance）の英語の頭文字をとったもので、機関投資家などの投資判断に、定量的な財務情報だけでなく、投資先のESGへの取り組みも考慮されるようになりました。ここで言うところのガバナンスは、主にコーポレートガバナンス（企業統治）を意味します。

二〇一五年の国連サミットでは、グローバルな社会課題を解決し、持続可能な世界を実現するための国際目標であるSDGs（持続可能な開発目標：Sustainable Development Goals）が採択されました。今や世界中の企業がSDGsを経営のなかに取り込むべく注力し、日本でも各企業で「サステナビリティ経営」実現のための様々な取り組みが進められています。

また、この流れは一般へも拡大し、学校教育の現場などでも広くSDGsについて啓発され、一般家庭にまで浸透しつつあります。その結果、サステナビリティを重視する消費行動などの変化が起こり、企業活動への影響力を持ち始めています。

日本では、古くから存在する「三方良し」の精神などが同傾向の考え方であり、サステナビリティ経営との親和性は高いはずですが、まだ「社会貢献」の域を出ない事例も多く見られます。

SDGsにビジネスチャンスを見出してどう本業に取り込むか、ビジネスとSDGsや社会課題解決の関係はどうあるべきかが問われています。

企業の本業への収益貢献が伴わないと、サステナビリティに関わる取り組みが一

バックキャスティングとフォアキャスティング

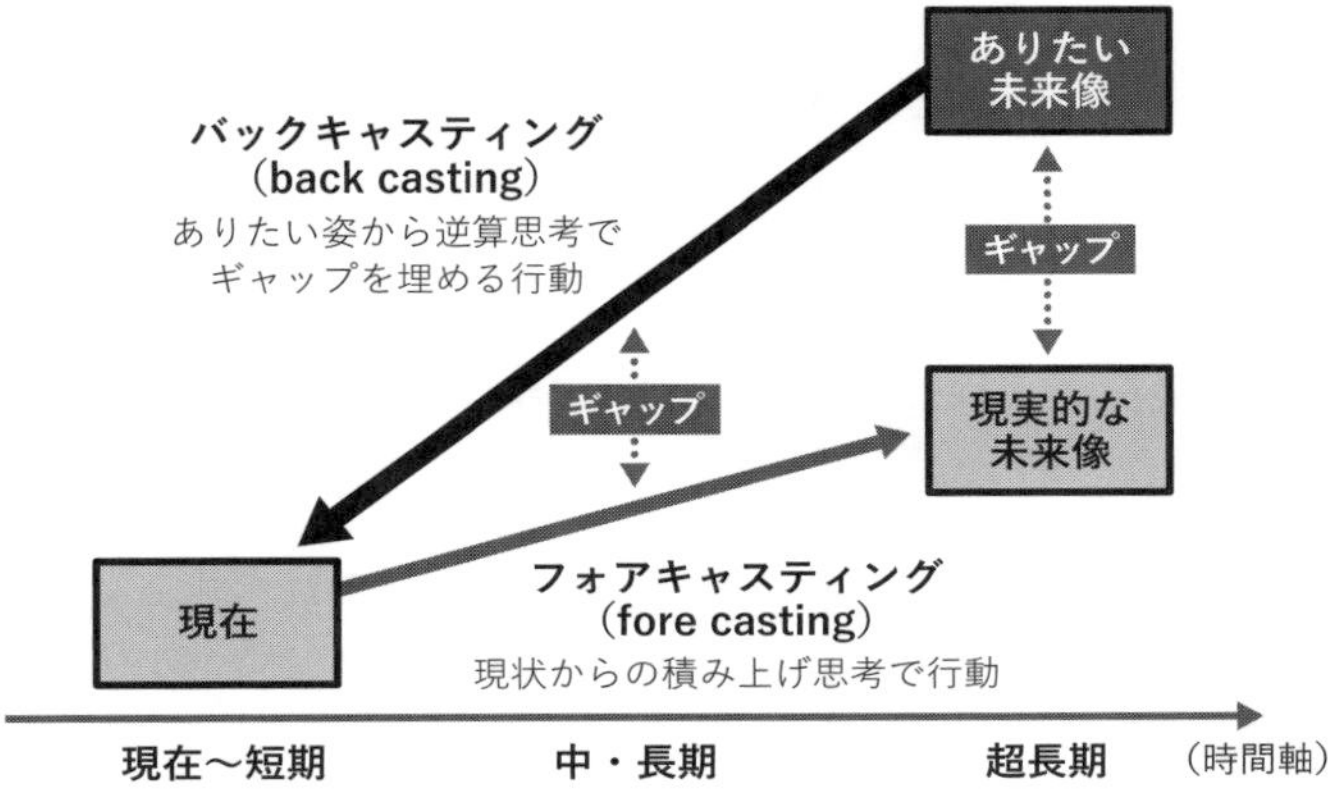

過性のブームになってしまい、「持続可能性」につながりません。「サステナビリティ経営」で成果を上げていくには、どこに焦点を当てて注力するかがポイントになります。

各企業で「マテリアリティ（重要課題）」の設定が重要と考えられ始めているのは、まさしく取り組みの焦点を定めるためです。それには、**企業の業績に直結するような「自分ごと化できる取り組みテーマ」を設定していく必要**があります。さもないと継続性が担保できず、事業としての現実性もなくなります。やることが目的化した付和《ふわ》雷同《らいどう》的な取り組みは、避けなければいけないと感じています。

また、「経営とサステナビリティの

と言えます。

一体化」という点で言えば、「超長期のゴールイメージ（ありたい未来像）」からのバックキャスティングで中期、短期の経営計画を策定するのが昨今主流の経営計画策定手法です。現状からの積み上げで何をするかを考えるフォアキャスティングより、更に一歩進んで持続可能性を実現していくシナリオの作成には、適した方法だと言えます。

□「循環型ビジネス」実現への取り組み

第3章1項で述べましたが、アサヒバイオサイクル株式会社は事業を通じて、人・動物・環境すべての健康＝ワンヘルス（One Health）の実現に注力しています。動物の腸内環境改善、土壌環境改善、人・動物・環境にまたがっての薬剤耐性菌問題、減農薬による温室効果ガス（GHG）削減、アニマルウェルフェア（家畜を快適な環境下で飼養することにより、家畜のストレスや疾病を減らす）として対応が求められる家畜の生育環境改善など、サステナビリティを実現するための課題解決に取り組んでいます。

これらの課題は以前から存在していましたが、コロナ禍による人と動物の共通感染症への関心の高まりや、世界中でのサステナビリティへの取り組みが加速するなかで注目度が増しています。

それぞれ自分たちの日々の健康・生活、さらに子孫に及ぼす影響まで考えれば、解決に取り組む必要性がより切実な分野であり、「自分ごと」で考えることが重要です。

結局、人間だけのこと、動物だけのこと、環境だけのこと、と完全に分離して考えても、いずれかで何か問題が起きれば、ともに影響を及ぼしあうのは避けられません。それぞれが単独で存在するわけではない以上、つねに生態系全体を視野に入れてアクションを起こす必要があるのです。つまり**健全な生態系を未来に残すためにどうするかを「自分ごと化」して考える時代に入った**のです。

当社ABCでは、アサヒグループのコア事業であるビール製造の副産物である「ビール酵母」や、カルピス社の長年にわたる菌の研究から生まれた乳酸菌や枯草菌などの有用な微生物が主役となって、農業、畜産、水産、施設緑化、食物残渣リサイクルなど、様々な分野での事業を行なっています。その際、各分野の連携を図ることで「循環型ビジネス」を社内外で実現しています。

また、外部パートナーとコラボレーションすることで、外食、小売業、企業などの給食施設等のバックヤードから出る食物残渣を堆肥化して、農業生産者に供給し、農作物の生産性向上や土壌改良などにも貢献しています（年間約一四万トン相当の食品残渣の堆肥化を実現)。

この活動により、各企業や地域の食品資源循環を活性化し、環境負荷の低減に貢献しています。食品残渣等の有機物を焼却ではなく、堆肥化することでCO_2削減にもつなげています。また小学校などを訪問し、給食残渣の堆肥化を通じて、環境と農業を考えてもらう出前授業なども実施しています。

当社創設のミッションそのものが、サステナビリティへの貢献ですから、まさに直接的に見えやすい形で「自分ごと化」したビジネスを展開中です。とてもやりがいのある仕事に挑戦できています。

□サステナビリティは「未来への約束」

アサヒグループでは、「サステナビリティと経営の統合」を目標に、「未来への約束“Cheer the Future”」を設定するとともに、サステナブルに取り組む理由、取り組み方、取り組む内容などを「サステナビリティ・ストーリー」として策定しています。事業を通して持続可能な社会に貢献すること、そして、とるべき具体的なアクションなどの指針を社内外に示しています。

さらに、サステナビリティと経営の統合を加速させるために五つのマテリアリティ（重要課題）を、【環境】【人権】【コミュニティ】【健康】【責任ある飲酒】と定めています。詳細をお知りになりたい方は、アサヒグループホールディングス株式会社のホームページをご覧ください（二〇六頁参照）。

こうしたグループの方針を受け、アサヒバイオサイクル株式会社では自社として五つのマテリアリティへの取り組み方針を設定して活動しています。

◇事業面

【環境】「アサヒグループ環境ビジョン2050」に沿って、〝微生物・発酵技術の活用〟を強みとして事業活動を推進し、新たな価値創出に取り組む。

【コミュニティ】「食」「地域環境」を重点領域として取り組む。「食」では畜産、農業を中心とした生産者の課題解決、「地域環境」では土壌、水質改善、食物残渣リサイクル等、地域環境改善に貢献する事業を行なう。

【健康】バイオテクノロジーの力で、無薬、減薬の畜産物、農薬削減などによる農作物による安心・安全な食の提供に貢献する。

◇社内体制

【人】ＤＥ＆Ｉ（ダイバーシティ・エクイティ＆インクルージョン。多様な人財の受け入れ、活躍推進）、ウエルビーイング（身体的・精神的・社会的に良好な状態）、人権尊重の理念に基づく四つの事業拠点（日本、米国、中国、タイ）での人財採用、育成を行なう。

【責任ある飲酒】 酒類をあつかうグループの一員としての責任を自覚し、行動する。

アサヒグループとしての「未来への約束」を、傘下の事業会社として自社の活動に落とし込んだものであり、**グループ全体の理念をアサヒバイオサイクルとして「自分ごと化」した**ものです。次項では重要な事業のいくつかを、もう少し踏み込んで説明したいと思います。

Sense of Ownership

3 自社の事業として、何ができるか

□差し迫った「食料問題」への対応

二〇五〇年に、世界の人口は一〇〇億人に迫ると予測されています。そして、食料の全体需要は現状の約一・七倍程度になる推定です。

さらに二〇三〇年代には新興国のＧＤＰの総計が、先進国を上回るとする予想もあり、新興国が経済成長して豊かになると、食生活が大きく変化し、畜産品や穀物食料の不足が、大きな懸念として取り沙汰されています。

そのようななか、近年の気候変動、直近でのコロナ禍、ロシアのウクライナ侵攻などによって、世界の食料サプライチェーン全体が大きく影響を受けています。穀物や畜産品などの世界的な食料問題は、すでに各国で生じています。

日本でも、小売りの店頭で鶏肉製品が品切れになるなどの「ミートショック」が発生し、輸入小麦の調達難による国際相場上昇、価格高騰など、日々の食生活への影響が顕著になってきました。

相次ぐ食品の値上げ等を通して多くの方が実感されているだけに、もはや「対岸の火事」や「他人ごと」と思っている方は少ないのではないでしょうか。食料問題は差し迫った「自分ごと」になっている状況です。

たとえば、当社の畜産向けプロバイオティクス（人間や動物に有益な作用をもたらす生きた微生物）や「ビール酵母細胞壁」由来の農業資材（肥料原料）は、ともに生産プロセスの効率化、農作物や畜産品の収量増や品質向上などの生産性へも寄与する製品です。飼料や肥料が高騰する昨今、生産者顧客からは、トータルＲＯＩ（投資収益率）の点から高い評価をいただいています。

食肉の生産にどうしても欠かせないのが、家畜の餌になる穀物飼料（トウモロコシなど）です。農林水産省の試算によると、牛肉一キログラムの生産（一キログラム増体させる）に必要な穀物の量は、トウモロコシ換算で一一キログラム、同じく豚肉では六キログラム、鶏肉では四キログラムとなっています。

しかし、当社の畜産向けプロバイオティクスの使用により、家畜の腸内環境が改善され、その結果として一定の体重まで増やすのに必要な穀物が減る、すなわち「飼料要求率」が改善されるのです。

当社の畜産向けプロバイオティクスの使用により削減される飼料用穀物の量は、当社試算によると年間約六五万トン前後と推計されています。年間の国内米穀の流通する数量が約一八〇〇万トン程度とされているそうで、大雑把ですがその三分の一程度の量を飼料用途で使用せずにすむイメージです。

またこのまま人口増が進むとタンパク質の需要と供給のバランスが崩れる「タンパク質クライシス」が起きるのではないかと欧米を中心に話題になっています。現代の食生活におけるタンパク質の摂取は食肉への依存度が高い状況です。そのためには畜産の生産性向上とともに、飼料である穀物の生産量の増加が必須です。当社は事業活動を通じ、このような社会問題解決への貢献を続けています。

□副産物由来の農業資材(肥料原料)が稲の食害を低減

さらに食料自給率(カロリーベース)が三八%程度と低い日本の場合、食料安全保障への対応が喫緊《きっきん》の課題と言えます。食料安保が注目されるなか、当社では現在、国内稲作への貢献に注力しています。

昨今の成功事例として、スクミリンゴガイ(通称：ジャンボタニシ)による稲の食害への対策を紹介します。環境省と農林水産省が「重点対策外来種」とするジャンボタニシなどによる稲作への年間被害額は約一〇〇〇億円とも言われています。

二〇二〇(令和二)年、当社はＪＡぎふと共同で、ビール醸造副産物であるビール酵母細胞壁から開発した「農業資材(肥料原料)」によって、稲の食害被害の低減に成功しました。

ジャンボタニシは、九州・四国・本州の太平洋側など温暖な地域に多く棲息《せいそく》し、水稲など水田作物を食害することで知られる外来種の貝の一種です。南米原産の巻

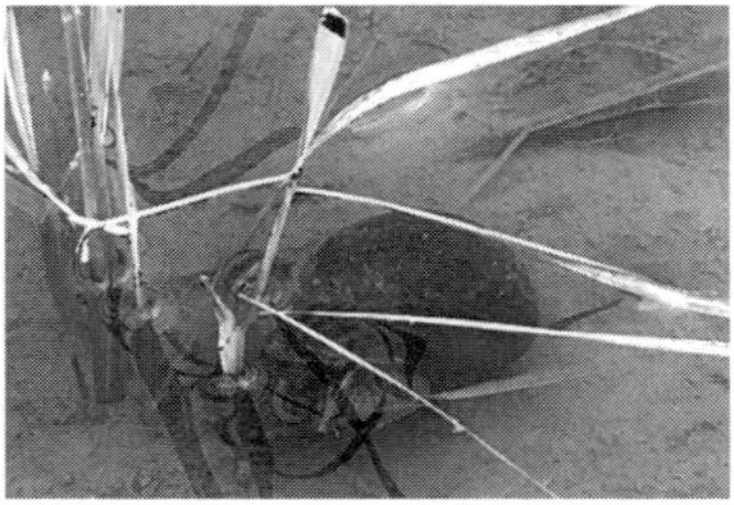

（左上）肥料原料を使用せず約２割がジャンボタニシに食害された水田
（右上）肥料原料を使用し食害被害が抑えられた水田（いずれも2020年９月）
（左下）ジャンボタニシ

出典：アサヒバイオサイクル㈱ニュースリリース（2021年７月７日）より

貝で、一九八一（昭和五六）年に食用目的で日本に輸入されたものが野生化したとされ、在来のタニシとは別種です。

水稲の場合、田植えから二、三週間の生育初期の苗が被害に遭いやすく、苗がほとんど消失するほど食い荒される事例も多く報告されています。温暖化の影響で棲息範囲が広がる傾向にあり、深刻な農業問題になっています。

アサヒグループの独自技術で開発した「ビール酵母細胞壁」由来の農業資材（肥料原料）は、植物の免疫力を高めて根の成長を促進することから、根張りが向上し、土壌のなかの鉄分を多く吸収することができます。ジャンボタニシは鉄分への耐性が弱いため、体内に鉄を取り込むと内臓機能が弱くなることが知られていました。

「鉄分を多く含んだ状態の稲に関しては、食害が低減される」という仮説のもと、二〇二〇年に「ビール酵母細胞壁」由来の農業資材（肥料原料）を使用した水田と不使用の水田とで実験したところ、使用しない水田では約二割がジャンボタニシの食害に遭ったのに対し、使用した水田の稲はほとんど無事でした。

この農業資材（肥料原料）は、食品由来で安全・安心、植物の免疫力を引き上げることによる病気への耐性強化、収穫量の増加、土壌の改善による農作物の品質向上、収穫量あたりの温室効果ガス排出量の削減など、持続可能な農業への貢献が期待されています。またゴルフ場・野球場などの天然芝のスポーツ施設や公園などでも、施設緑化の用途で活用されています。

□低気温の北海道・網走で米づくりに成功

「ビール酵母細胞壁」とは、栄養分やうまみ成分を含んだビール酵母の中心部分のまわりを殻のように覆っている部分です。植物の生育に役立つ有効成分が含まれていることはわかっていましたが、不溶性であるため、あまり活用されてこなかった

ビール酵母で育てる畑のお米チャレンジプロジェクト

2021年５月 種まき風景

2021年９月 陸稲風景

出典：アサヒバイオサイクル㈱ニュースリリース（2021年11月５日）より

のです。

アサヒグループでは、一〇年にわたる研究の末に「ビール酵母細胞壁」を加工する技術を二〇一五年に開発し、農業資材（肥料原料）として実用化にこぎ着けました。農薬の使用量低減と農作物の収穫量アップを両立し、根の伸びや病気に強い作物ができることが示されています。

さらに二〇二一年には、北海道網走《あばしり》地区の福田農場とタイアップし、「ビール酵母で育てる畑のお米チャレンジプロジェクト」に取り組みました。網走地区は低気温で稲の生育に適しておらず、昭和初期から稲作はほとんど行なわれていなかったところです。

福田農場では、二〇一八年から水田をつくらずに畑に作付けする陸稲《りくとう》による稲作に取り組んでいました。その二年後、当社の「ビール酵母細胞壁」由来の農業資材（肥料原料）によって試験栽培をしたところ、初めて稲穂に実を付けることに成功したのです。

本プロジェクトでは、地元の子どもたちと種まきや稲刈りを実施し、地域コミュニティと農業の活性化を目指しています。さらに二〇二一年には網走青年会議所の事業として採択され、網走市内の小学校に親子参加を募集して種まきから稲作に関わっていただきました。

将来的には小学校給食で地元産の陸稲による米を提供することを目標に、地元関係者の参画を広げ、栽培の規模を拡大する計画です。

本項では、事業を通してサステナビリティに取り組む、当社としての「自分ごと化」の事例を少し踏み込んで紹介しました。

アサヒグループの基幹事業であるビール醸造から生じた副産物を、農業分野や環境分野の課題解決に活かし、持続可能な社会の実現に少しでも貢献できることを目指したものです。

こうした製品の実用化は、取り巻く周辺環境や社会に存在する様々な課題に対して、「自分には直接関係ないから」と「他人ごと化」する思考や発想からは生まれないと思います。

ここでは、当社のわずかな事例をお伝えしたにすぎませんが、**「自分ごと化」**して世の中の課題に目を向ければ、サステナビリティと事業の一体化を実現する「ビジネスの種」を見つけられるかもしれません。

第6章

多様性時代の組織と個人のキャリア

Sense of Ownership

Sense of Ownership

1 「ダイバーシティ」と企業の人財観

□ 急速に進む「多様性」ある人財活用

私は日頃社内の人事書類などでも「人材」を「人財」と表記しています。きっかけは、かなり昔のことですが、いずれかの企業様の人事セミナーを拝聴したときに、「人」が企業活動の源泉であるから「人材」ではなく、「財＝宝」の意味で「人財」と表記するという話を聞いてとても感心しました。その後、実際に経営に携わる立場になってからは、企業活動の最大の資産はやはり「人」だと切実に実感しているため、「人財」の表記を使用させてもらっています。

これまでにも触れましたが、今日本企業のなかでも、D&I（ダイバーシティ&インクルージョン）や、DE&I（ダイバーシティ・エクイティ&インクルージョン）への取り組みが広がっています。

「ダイバーシティ（Diversity）」は、「多様性」「相違」などと訳されます。個人または集団間の「様々な違い」を表す言葉だと考えてください。つまり企業におけるダイバーシティの推進とは、「多様な人々を受容できる組織や体制づくり」をする取り組みを積極的に行なうことです。

一方、「インクルージョン（Inclusion）」は、「包括」「含有」「一体性」などと訳されます。企業活動で言えば、多様な人たちの個々の特性が十分受け入れられ、活かされている状態のことを言います。

企業におけるダイバーシティ推進目的は、人財多様化・人財活用による、事業活動の優位性と競争力の強化にあります。この点で、個人の力を最大限に活かす「インクルージョン」まで実現して初めて、ダイバーシティ推進の取り組みが活きてきます。

「ダイバーシティ」と「インクルージョン」は、切り離せない両輪のような関係にあるため、「D&I」という取り組みを多くの企業が推進しています。もし、ダイバーシティとインクルージョンの取り組みが両輪にならず、極端に言えば多様性だけが先行した場合、ダイバーシティ推進はかえって企業活動にはマイナスの影響を与えることになってしまうとさえ言われています。

内閣府「令和元年度 年次経済財政報告」のデータ（一七二頁参照）では、性別・国籍の多様性は企業業績にプラスの効果を生むことが示されました。さらに、経済産業省「多様性の増加が生産性に与える効果」（一七三頁参照）では、多様性を活か

多様性と収益率

性別と国籍の多様性は企業業績と「正の関係性」が観察される

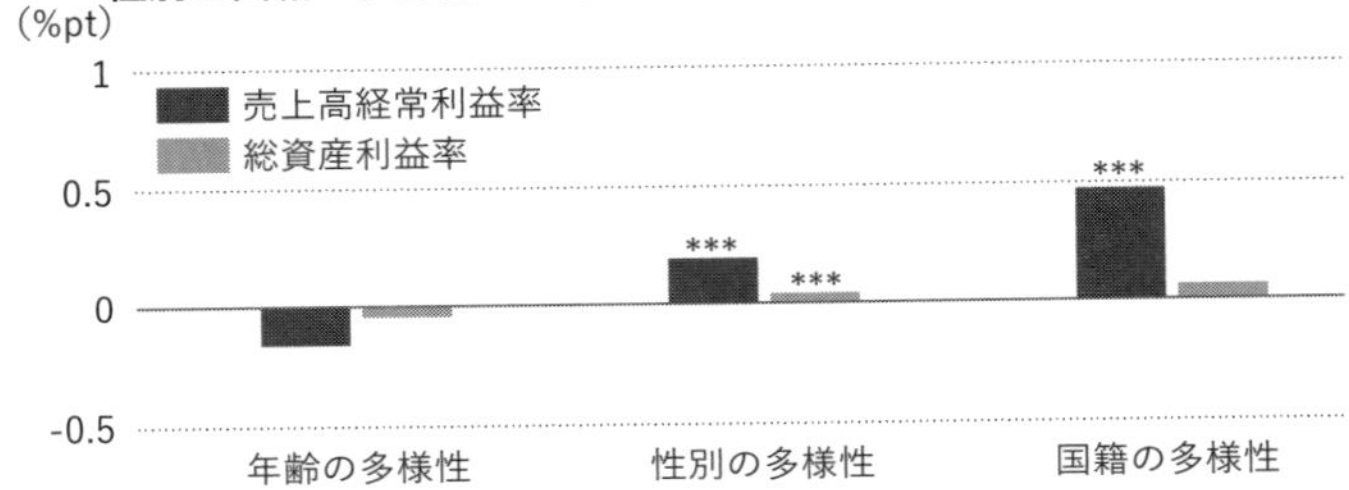

（備考）1．東洋経済「CSR 調査」、日経 NEEDS により作成。
2．*** は 1%水準で有意であることを示す。
3．棒グラフは、年齢、性別、国籍の多様性の変化幅を 0.01 とした時の関係性をプロットしている。

出典：内閣府「令和元年度 年次経済財政報告（経済財政政策担当大臣報告）」

すインクルージョンの取り組みなしにダイバーシティを推進すると生産性が低下する結果を示しており、「D&I」として両輪の取り組みを行なうことの意味が説明されています。

さらに「ダイバーシティ&インクルージョン」の活動は、近年では、「ダイバーシティ、エクイティ&インクルージョン」に変遷し、積極的な推進活動を行なう企業も増えてきています。「エクイティ（Equity）」は公平性という意味であり、情報、機会、リソース（経営資源）へのアクセスについて、すべての人に公平な扱いを保証することを言います。周辺環境の何らかの影響や制約などにより、すべての人が同じ場所からスタートできるわけではない

多様性の増加が生産性に与える効果

2013～17 年度における生産性（TFP）の伸び、%ポイント

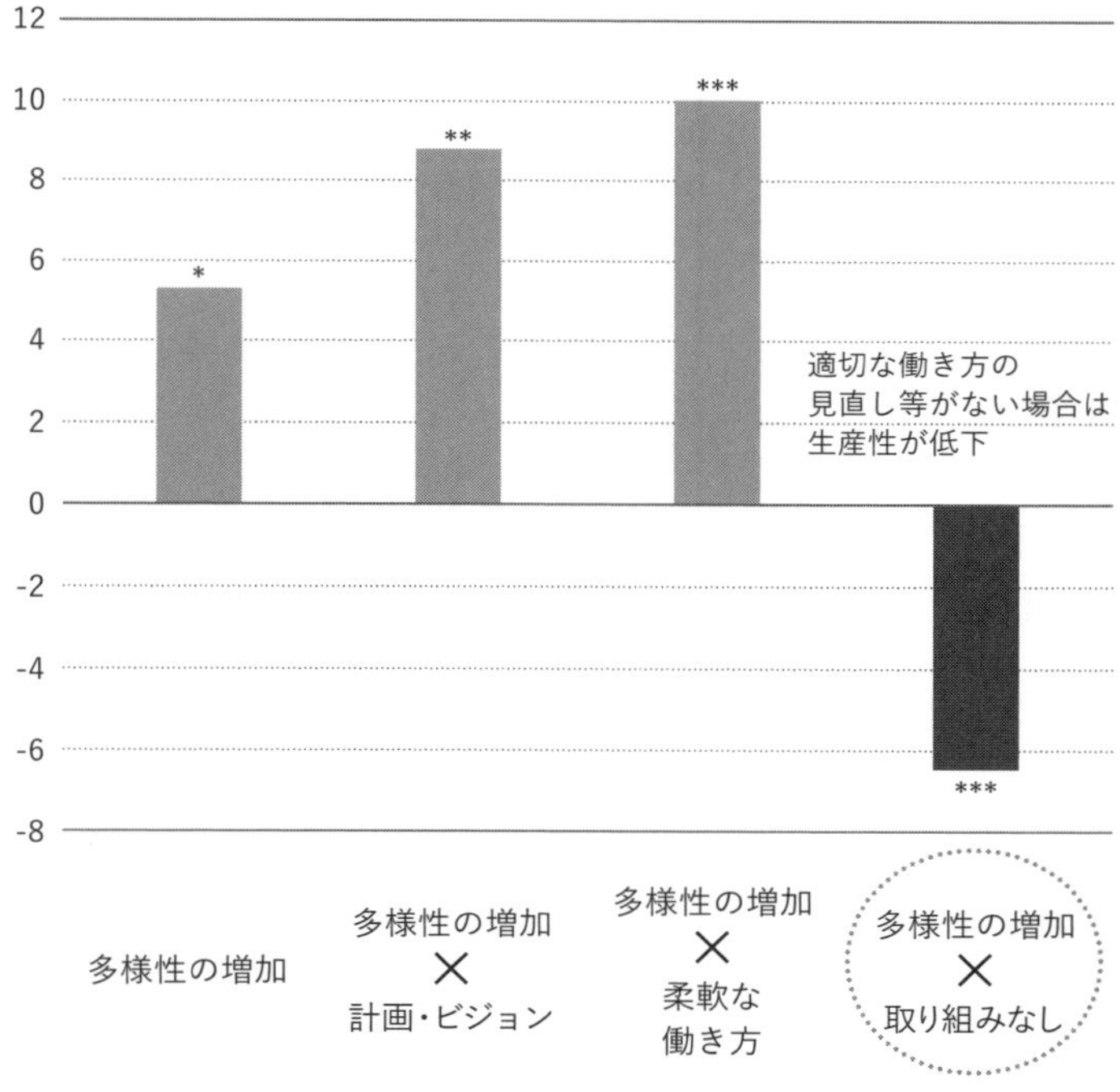

（備考）１．内閣府「多様化する働き手に関する企業の意識調査」により作成。
　　　　２．***、**、* はそれぞれ、多様性が増加した企業とそうでない企業の生産性の伸びの差が 1%、5%、10%水準で有意であることを示す。

出典：経済産業省 令和２年９月「ダイバーシティ 2.0 一歩先の競争戦略へ」

という認識にたち、不平等なスタート地点や不均衡を是正しながら対処していくプロセスのことです。

なぜそのような取り組みが始まったのかというと、とくに世界の各国で社会問題化している、マイノリティに対する社会構造的な不平等の問題が背景にはあるようです。

スタート地点からの不公平が存在している状況では、たとえ同じ機会を平等に提供したとしても、社会構造的な不平等はどうしても解消されず、社会からの分断や構造的格差はなくなりません。

こうした観点から、「エクイティ」という考え方が存在感を示すようになりましたが、是正対応が「逆差別」だという意見などもあり、賛否両論が依然大きく、難しさを伴う取り組みでもあります。

□「自分ごと化」とダイバーシティ

「D&I」「DE&I」が、これからの企業経営に欠かせないことは疑う余地はありません。しかし、その取り組みのなかで、「ダイバーシティ＝多様性のある状態」を真に実現させて、一定の効果に結びつけていくためには、「インクルージョン」や「エクイティ」が必須になるのです。

私は、この両輪の取り組みの「媒介」となるのが、「自分ごと化」思考であると考えています。

自分とは異質な価値観や背景（国籍、宗教、性別、ＬＧＢＴＱ＋等）を持つ存在に対し、想像力を巡らし、相手の立場や考え方を理解しようとする姿勢が重要です。「インクルージョン」や「エクイティ」への取り組みの方向性は、そこから見出していくことができると考えます。

現在世界の各国で起きている様々な紛争も、紛争当事国双方の主張と立場を「自分ごと化」して考えないと、わからないことが多々あります。しかしこれは容易ではなく、世界中で様々な紛争がこれからも起こり続ける懸念は大いにあります。世界がボーダレスにつながっているからこそ、局地的に勃発《ぼっぱつ》した紛争も瞬く間に世界全体に大きく影響を及ぼします。

とくに今回のロシアのウクライナ侵攻では、サプライチェーンの停滞や資源問題、食料問題などが全世界の国々に飛び火し、我々の日々の生活のなかでも重大な影響を実感するようになりました。

恥ずかしながら、私自身、こうした事態に至って初めて「自分ごと」として切実に受け止めるようになりました。これまではどこか「対岸の火事」として「他人ごと」の感覚で見ていたところがあったように思います。

報道やSNSなどの世論に流されず、自分のなかで各紛争が起きる歴史や背景・地政学的位置づけなどの情報を整理し、考える軸をしっかり持たないといけないと反省する日々です。

「自分ごと化」は、社会や職場などでの一対一の人間関係に始まって、前述した「ワンヘルス」のような生態系全体の課題、さらには世界各国間の立場まで、世の中のすべてに向き合う上での基本姿勢になると言っていいのではないかと思います。

世界には二四九の国と地域があると言われます。これこそ、まさしく多様性（ダイバーシティ）という状態ですが、「エクイティ」や「インクルージョン」に向き合うどころか、全体的な調和を求めるスタートラインにすら立てていないのが現状のようです。

各国が、自国以外の他国に対し、「自分ごと化」して考えるようになり、より調和しながら、共存共栄できる時代が来ることを願うばかりです。

□「ジェンダーギャップ指数」で低迷する日本

ここで、「D&I」「DE&I」の取り組みのなかでも、とくにジェンダーギャップに関する取り組みにフォーカスしてみたいと思います。

日本でもジェンダーギャップ解消への声が上がって久しく、草分けとも言える「男女雇用機会均等法」施行からも三七年が経過しています。

最近では、スイスの非営利団体・世界経済フォーラムの「ジェンダーギャップ指数」が毎年大きく報道されるようになりました。ところが、日本の状況は二〇二二年で一四六カ国中一一六位であり、先進国G7で最下位、アジア主要国中でも最下位です。これは、ここ数年来の定位置であり、浮上する様子は見られません（一七八頁参照）。

この指数は「政治参画」「経済参画」「健康」「教育」の四つの分野の統計データから作成され、「健康」「教育」は世界トップクラスながら、「政治参画」「経済参画」で世界のなかで大きく出遅れています。

「経済参画」では、各日本企業の取り組みの結果が顕われたものと思われますが、「男女雇用機会均等法」施行からすでに四〇年弱を経過しても、世界の中で一二一位と依然低い順位なのは驚くべきことだと言えます。

とくに、「管理的職業従事者の男女比」の項目のスコアが低くなっており、継続

ジェンダーギャップ指数

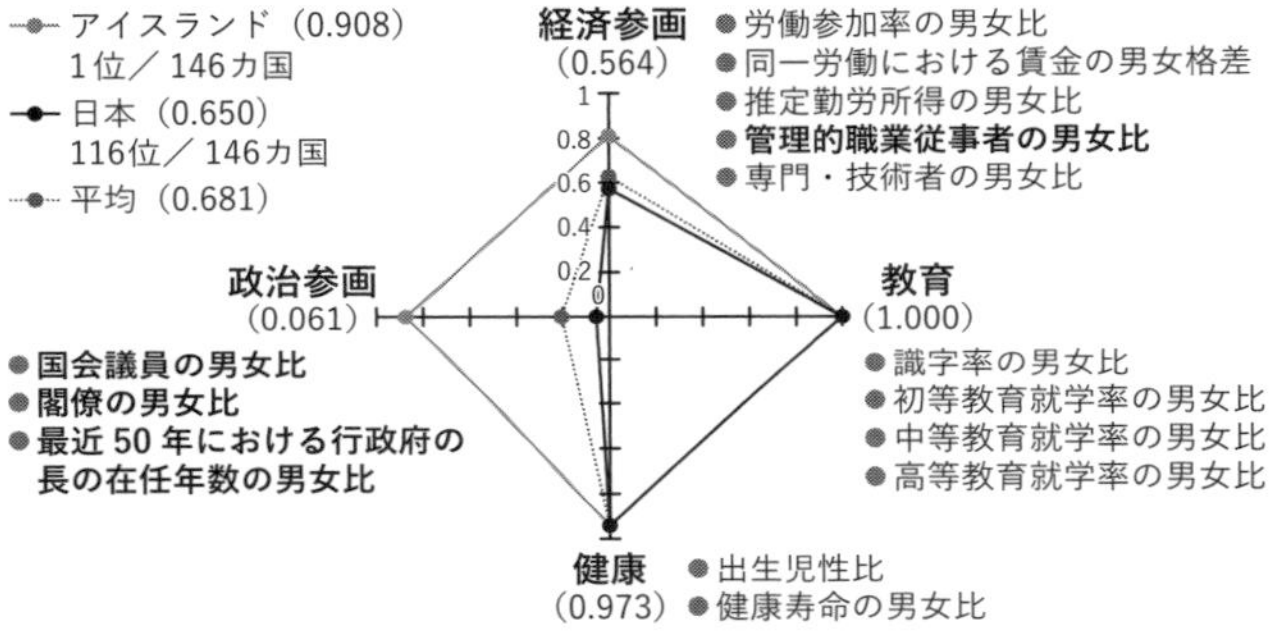

（備考）1．世界経済フォーラム「グローバル・ジェンダー・ギャップ報告書（2022）」より作成。
2．スコアが低い項目は太字で記載。
3．分野別の順位：経済（121位）、教育（1位）、健康（63位）、政治（139位）。

出典：内閣府男女共同参画局 2022 年 8月10日発行「月刊総合情報誌 共同参画８月号」

ジェンダーギャップ指数（2022）
上位国及び主な国の順位

順位	国名	値	前年値	前年からの順位変動
1	アイスランド	0.908	0.892	−
2	フィンランド	0.860	0.861	−
3	ノルウェー	0.845	0.849	−
4	ニュージーランド	0.841	0.840	−
5	スウェーデン	0.822	0.823	−
10	ドイツ	0.801	0.796	⬆1
15	フランス	0.791	0.784	⬆1
22	英国	0.780	0.775	⬆1
25	カナダ	0.772	0.772	⬇1
27	米国	0.769	0.763	⬆3
63	イタリア	0.720	0.721	−
79	タイ	0.709	0.710	−
83	ベトナム	0.705	0.701	⬆4
92	インドネシア	0.697	0.688	⬆9
99	韓国	0.689	0.687	⬆3
102	中国	0.682	0.682	⬆5
115	ブルキナファソ	0.659	0.651	⬆9
116	日本	0.650	0.656	⬆4
117	モルディブ	0.648	0.642	⬆11

的な改善課題とされています。また、経済分野におけるジェンダーギャップ対策について、国の方針としては「女性の経済的自立」を「新しい資本主義」の中核と位置付け、男女間賃金格差に係る情報開示の義務付け、女性デジタル人材の育成、看護・介護・保育など女性が多い分野の現場で働く方々の収入の引き上げ等の取り組みを進めています。

二〇一九（令和元）年の東京大学の入学式の祝辞で、「ジェンダーギャップの実態」や「エクイティ」に関わる内容が詳しく語られ、メディアで話題になりました。これから大学に入学し、数年後には社会に出ていこうとする学生たちに、日本の社会構造の現実をしっかり伝え、意識的に自ら考えていく問いを投げかけた意義は大きく、非常に感銘を受けました。

□日本はなぜ、女性管理職が少ないのか

少子高齢化が進む日本において、女性の活躍推進は、たんなる労働力の確保ということではなく、多様性によるイノベーション創出や、経済の活性化にもつながる非常に重要な施策だということは疑う余地はありません。

また、資本市場でも、コーポレートガバナンスコードなどに記載の通り、指導的

立場での女性活躍指標などが投資判断の材料とされるようになっています。グローバルな競争にさらされている企業にとって、女性活躍推進は持続可能な成長のためには不可欠な取り組みと言えるでしょう。

そのようななかで、内閣府男女共同参画局のレポートによると、日本の上場企業における女性役員数は二〇一二〜二〇二二年の一〇年間で約五・八倍に増えており、着実に増加している傾向ですが、先進国を中心とする諸外国に比べると、依然として低い水準にとどまっています。

また、内閣府・男女共同参画局 令和四年四月二一日「諸外国における企業役員の女性登用について」でも、日本は欧米諸外国のみならず、アジア各国と比べても低い傾向にあります。

その理由については、長年の日本の歴史や文化のなかで形成されてきた、社会通念・慣習上の男女間の役割分担（家事や育児等）におけるアンコンシャス・バイアス（無意識の偏見）が存在していることが原因ではないかと考えています（次項で詳しく述べます）。同じアジア各国のなかでも、東南アジア諸国は女性管理職の比率が高いのですが、お隣の韓国も比較的日本と傾向が似ているようです。

ワークライフバランス施策を進める企業が増えているなかで、従来よりも仕事と家事・育児の両立がしやすくなったと言われています。しかし、依然として女性に

諸外国の女性役員割合

日本の女性役員割合は、上昇しているものの、諸外国と比べて低い

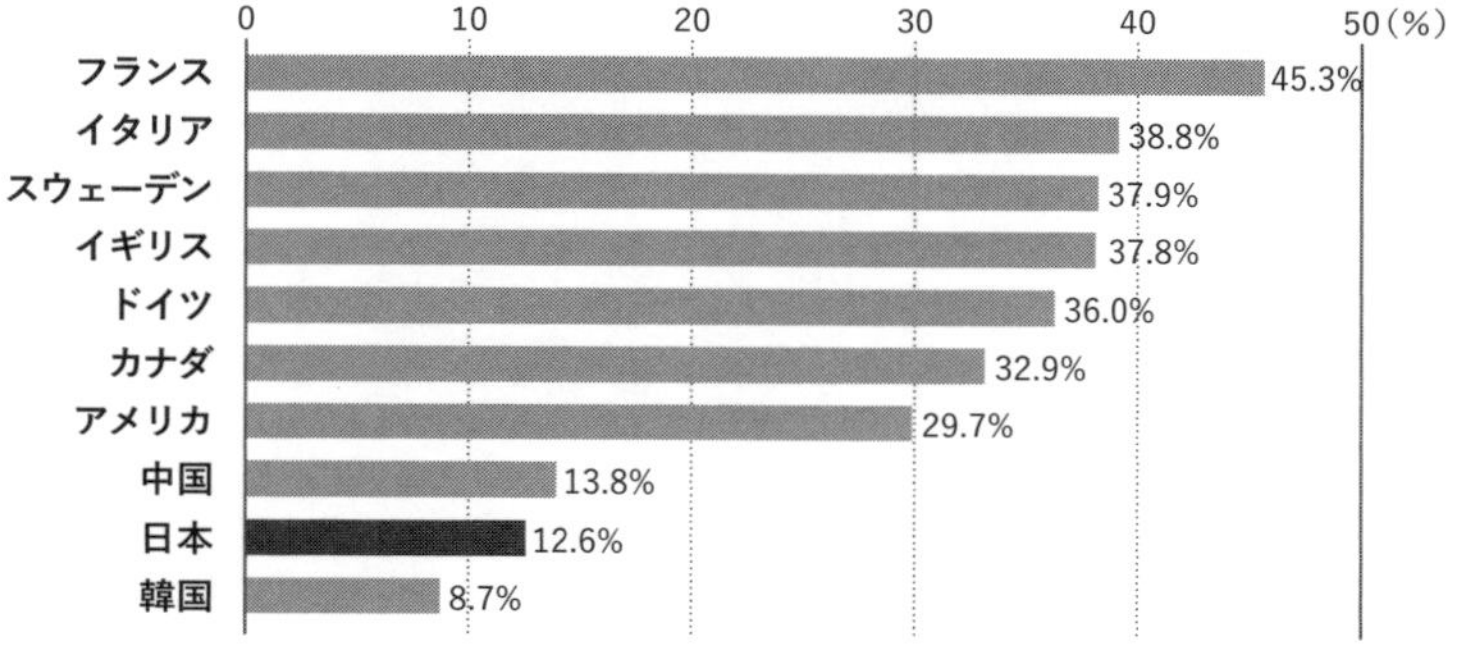

出典：内閣府・男女共同参画局 令和4年4月21日「諸外国における企業役員の女性登用について」

家事や育児の負担が偏っている実態があり、一定以上の管理的な立場での女性活躍を阻害する要因になっていると思われます。

また、指導的なポジションへの女性の登用が進んでいるとはいえ、管掌《かんしょう》分野（自分管轄の職務として責任を持って行なう分野）の狭さも指摘されています。

確かに異業種女性役員の会などに参加すると、ダイバーシティ推進のＨＲ部門、サステナビリティ関連部門・広報部門などのポジションの方が非常に多く、配置の偏りが鮮明です。これも「性別役割」のアンコンシャス・バイアスかもしれません。

アサヒグループホールディングス株

式会社（AGH）内では、海外拠点での「幹部に占める女性比率」は四〇％前後です。一方、日本ではいまだ一桁台のグループ会社も存在しています。

AGHは海外拠点の収益や外国籍の社員数が過半を超えているため、国内も併せたグループ全体の「幹部に占める女性比率」は二〇％を優に超えていますが、それでも国内外のギャップを解消するため、目標値を設定して女性幹部比率の上昇に努めています。

アサヒバイオサイクル株式会社では、海外収益が八割、海外で働く社員が約半数であるためか、「女性幹部比率」は三〇％超であり、グループ平均より高くなっています。グループ内の海外に本社を置く事業会社に近いレベルの比率であり、外国籍の社員も三五％程度いますから、多様性のある人財の活用が進んでいると言えると思います。

国内の人口減によって産業の需要源泉が細り、規模の大小にかかわらず海外に活路を見出す企業が多いなかで、「DE&I」への対応が不可欠なのは間違いありません。

また、コロナ禍という外圧で、リモートによる意思疎通が一気に進み、海外人財とのコミュニケーションが活発になったことも、「禍《わざわい》を転じて福と為す」です。

現地の状況、文化や風習などを知らずして、業務の連携はうまくいきません。つねに「自分ごと」として相手の立場を少しでも理解しようとする努力や姿勢が、組織風土を活性化させ、多様性のある人財が活躍することで、事業成長の源泉が生み出されるのではないかと考えます。

Sense of Ownership

2 「無意識の偏見」が生み出す仕事の壁

□アンコンシャス・バイアスの意外な根深さ

長い歴史や文化を背景として、社会通念や慣習のなかで形成されたステレオタイプの思考（決めつけ、思い込み）から生まれる「アンコンシャス・バイアス（無意識の偏見）」は、「D&I」「DE&I」施策の難敵の一つです。

社会通念や慣習のなかですり込まれた「アンコンシャス・バイアス」は、誰もが抱えています。

それはまさに「無意識」で「こうであるはずだ」「常識である」と思い込まれて

いるために、自ら気づきにくく、指摘されないと気づけないばかりか、素直に受け入れにくいのです。

たとえば、企業の商品やCM表現などが、「家事や育児は女性の役目である」というイメージを強調したものだったとします。従来であれば普通に行なってきた内容でも、昨今では、「アンコンシャス・バイアス」であると指摘され、SNSで大炎上し、謝罪した上で広告・商品の販売中止などに追い込まれたケースも散見されています。

企業側も、一般消費者側も、「まさかこれが炎上?」と思った事例も多いのではないでしょうか。

それほど気づかずに行なってしまうのが「アンコンシャス・バイアス」であり、セクハラやパワハラなどの各種ハラスメント以上に気づきにくく、日常の言動に潜んでいるので怖いものです。

企業組織内で、「アンコンシャス・バイアス」が存在すると、「DE&I」などの妨げになる上に、組織風土の悪化、社員のモチベーション低下などが知らず知らずに起きてきます。組織の活性化を阻《はば》んでいく可能性があるのです。

内閣府・男女共同参画局の「令和三年度 性別による無意識の思い込み(アンコンシャス・バイアス)に関する調査結果」というデータがあります。三六項目の質問に対して、「直接言われたり聞いたりしたことがある」と回答があった上位一〇項目が掲げられているので、紹介してみます（★は男女両方で上位一〇項目に入っているもの）。

【男性】

1・男性は結婚して家庭をもって一人前だ（14・2％）★
2・男性は仕事をして家計を支えるべきだ（13・6％）★
3・デートや食事のお金は男性が負担すべきだ（13・1％）
4・男性は人前で泣くべきではない（12・5％）
5・女性には女性らしい感性があるものだ（11・5％）★
6・女性は感情的になりやすい（11・3％）★
7・家を継ぐのは男性であるべきだ（11・1％）★
8・家事・育児は女性がするべきだ（9・4％）★
9・男性なら残業や休日出勤をするのは当たり前だ（8・8％）
10・共働きでも男性は家庭よりも仕事を優先するべきだ（8・7％）

【女性】

1・女性は感情的になりやすい（19・9％）★
2・女性には女性らしい感性があるものだ（17・2％）★

3・家事・育児は女性がするべきだ（16・9％）★
4・男性は仕事をして家計を支えるべきだ（16・3％）★
5・受付、接客・応対（お茶だしなど）は女性の仕事だ（15・7％）
6・家を継ぐのは男性であるべきだ（15・4％）★
7・男性は結婚して家庭をもって一人前だ（15・1％）★
7・職場での上司・同僚へのお茶くみは女性がする方が良い（15・1％）
9・親戚や地域の会合で食事の準備や配膳をするのは女性の役割だ（14・9％）
10・女性は論理的に考えられない（14・0％）

これを見ると、男女ともに「家庭教育」を通して、「性別役割」がしっかりすり込まれているのがわかります。さらに「性別役割を言ったり、言動を感じさせた人」は誰かという問いに対し、男性は、一位が父親、二位が男性の知人・友人、三位が「男性の職場の上司」だったのに対し、女性では「男性の職場の上司」が一位だったのです（二位は配偶者・パートナー、三位は父親）。

職場の男性上司からの女性社員への発言は、企業としてはとくに注意したいところです。

□ 純粋な「思いやり」「いたわり」の場合の厄介さ

様々なアンコンシャス・バイアスが存在するなかでも、とくに「慈悲的なアンコンシャス・バイアス」はさらに厄介だと感じています。

たとえば「性別役割」に上乗せして、「女性は弱いものであるから、過度な役割負荷はいけない」といったような考え方です。

なぜ厄介かと言えば、本人にはまったく他意はなく、純粋に「思いやり」や「いたわり」の感情から発言しているため、「アンコンシャス・バイアス」を受けた側が問題に感じても、相手に指摘しにくいのです。

たんなる「性別役割」などの通常の「アンコンシャス・バイアス」であれば、「それは思い込みや決めつけです」と言うことは、ハラスメントと同様に比較的対応しやすいご時世ですが、「思いやり、いたわり」の感情を前面に押し出された「慈悲的アンコンシャス・バイアス」は、指摘すると相手を含めた周囲から、逆に批判を受ける可能性もあるからです。

先の内閣府・男女共同参画局の調査では、「直接ではないが言動や態度からそのように感じたことがある」という設問でも男女の上位一〇項目を挙げています。

【男性】

1・家事・育児は女性がするべきだ（22・5％）★

2・男性は仕事をして家計を支えるべきだ（21・3％）★

3・デートや食事のお金は男性が負担すべきだ（20・5％）★

4・男性は結婚して家庭をもって一人前だ（20・2％）

5・受付、接客・応対（お茶だしなど）は女性の仕事だ（19・6％）★

6・女性は感情的になりやすい（19・5％）★

7・女性には女性らしい感性があるものだ（19・4％）

8・家を継ぐのは男性であるべきだ（18・7％）★

9・共働きでも男性は家庭よりも仕事を優先するべきだ（18・6％）

9・親戚や地域の会合で食事の準備や配膳をするのは女性の役割だ（18・6％）★

【女性】

1・家事・育児は女性がするべきだ（31・8％）★

2・受付、接客・応対（お茶だしなど）は女性の仕事だ（26・7％）★

3・男性は仕事をして家計を支えるべきだ（26・2％）★

4・親戚や地域の会合で食事の準備や配膳をするのは女性の役割だ（26・0％）★

5・共働きで子どもの具合が悪くなった時、母親が看病すべきだ（25・8％）

6・職場での上司・同僚へのお茶くみは女性がする方が良い（25・3％）

7・女性は感情的になりやすい（24・3％）★

8・家を継ぐのは男性であるべきだ（23・9％）★

9・実の親、義理の親に関わらず、親の介護は女性がするべきだ（23・8％）

10・デートや食事のお金は男性が負担すべきだ（23・6％）★

「直接的ではない」方が、項目を選んだ人の割合が一気に高くなっているのがわかります。とくに男女ともに一位である「家事・育児は女性がするべきだ」は、調査された女性の約三人に一人がアンコンシャス・バイアスを感じているのです。これらのなかには、長い歴史のなかで日本人に馴染んできた価値観も多く、いきなりそう考えるなと言われても無理でしょう。

しかしダイバーシティが世界的な価値観として広がりつつある昨今、企業はアンコンシャス・バイアス問題を避けることはできません。**個人として気をつける場合、発言したり行動に移す前に「これはアンコンシャス・バイアスにならないか」を一瞬立ち止まって考える習慣が浸透することが必要**です。

□「気づき」に向けた双方向のアクションを

私の実体験から話をすると、第2章1項で述べた、営業部門から本社の商品開発部門に配転したとき、同時に配属された同期の男性と担当業務の差があったことは、今でいう「慈悲的アンコンシャス・バイアス」だったと思います。「一般職女性と総合職女性の軋轢があったら気の毒だ」という上司の思いやりと、「補助業務や庶務は女性の方が向いている」との慣習的な「性別役割」の存在で、アンコンシャス・バイアスの二段重ねだったと言えそうです。

その上司は、とても思いやりにあふれ、周囲からの人望も厚い素晴らしい方でした。しかも私は異動したばかりで、入社四年目とキャリアも浅く、上司の善意ある配慮に不服を言うわけにはいきません。先輩や同期女性に、酒席で愚痴を言うぐらいが精一杯でした。

実際には、一般職の女性たちとも良好な関係性でいられましたし、逆に色々と親しく話ができていました。上司の心配は、「杞憂」で済みました。

今は当時と異なり、アンコンシャス・バイアスは具体的なケーススタディでの啓発活動や学習機会が増えています。まずは、どのような思考や言動がアンコンシャス・バイアスにあたるかという事例を、知識としてインプットしていくことが大切

「気づき」に向けた双方向アクション

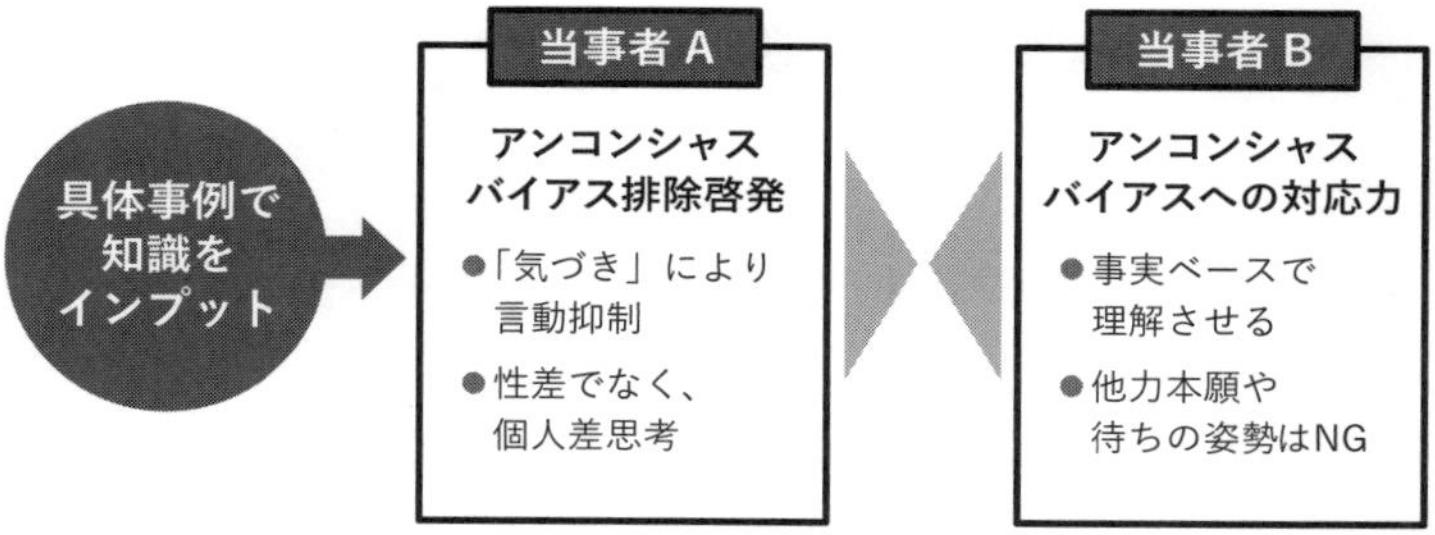

だと思います。

何がアンコンシャス・バイアスにあたるかの知識があれば、「気づき」につながり、「言動を抑制」することが可能になります。

そのステップを自分の内部に確実に埋め込んでいくことで、アンコンシャス・バイアスで無意識のうちに「他人」を傷つけたり、不快にさせてしまうリスクは抑えられるはずです。

その一連のステップの習得も重要ですが、その前提として大切なのは、いかに相手の立場にたって「自分ごと化して共感・想像ができるか」ではないでしょうか。

アンコンシャス・バイアスの受け手になった場合でも、単に正面から指摘するのではなく、「対応力」を磨く必要があります。「なぜアンコンシャス・バイアスなのか」を事実ベースで相手に理解してもらえるよう説明することが大切です。

そのためには、**「会社が何とかしてくれるだろう」とか「誰かに言ってもらおう」といった他力本願の姿勢はＮＧです。**それでは「自分ごと化」できているとは言えません。「『気づき』に向けた双方向アクション」に、自ら主体的に誘導していく必要があります。

Sense of **Ownership**

3 多様性時代のキャリアと「自分ごと化」

□「ガラスの天井」と「ガラスの崖」を越えて

「Ｄ＆Ｉ」「ＤＥ＆Ｉ」を進めるには、働き方やキャリアのあり方自体の多様化が必要だと思います。

第５章１項でも述べましたが、多様性時代のキャリアは、「本流」「傍流」という視点でなく、どのような状況下でも成果を上げられる能力やスキルを身につけていくチャンスと捉えるべきだと思います。

私がメンターからもらったアドバイスで、

「女性ゆえのキャリアを積んでいく難しさは現実に存在する。よく言われる『ガラスの天井』ならまだしも、さらに『ガラスの崖』と言われるチャレンジングなポジションに配置されがちになる」

というのがありました。

「ガラスの天井」とは、一般的に「組織内で昇進に値する十分な素質や実績を持つ人物が、性別や人種などを理由に、不当に昇進を阻まれてしまう状態」を言います。まさにガラスのような見えない天井が、キャリアアップの障壁《しょうへき》として存在するのです。

また、「ガラスの崖」とは、「経営不振などで組織が危機的状況であるときほど、女性がトップの地位に置かれやすい」ことを指します。なぜなら通常運転時のポジションは既存の男性社会のコネクションのなかで埋まるため、女性をあえて受け入れるポストは自ずと非常時で、リスクの高いポジションの場合が多くなるのです。

危機的状況の立て直しは様々な困難があり、失敗のリスクも高いのはもちろんです。そして実際に失敗すると、「女性はトップに向いていない」という偏見を生み出しがちになります。

しかし、旧来の会社組織の価値観からしたら「傍流」と映るキャリアでも、今の時代のキャリア形成にとっては、その方が良い場合もあると思います。

「巨大な山」の麓《ふもと》から他人のお尻を追いかけながら連なって一本道を登る登山もあれば、「連峰」を巧みに縦走するような登山の方法もあるのです。その方が頂《いただき》に早く登れるかもしれませんし、自分だけしか見たことのない様々な景色に出合える面白さがあるはずです。

とくに、変化が激しく先の読めない時代には、そのようなキャリアで適応力を磨いておくことが必ずや役に立つはずだと、私もメンターにアドバイスをいただきました。

とは言っても、先にも述べたように、一般的な日本企業の年齢構成ピラミッドでは、私を含めた五〇代を中心とするバブル世代＋団塊ジュニア世代からなる「X世代」が、人数も多く、各企業の重要ポジションを担っています。

この世代には、なかなかキャリアの考え方を変えるまでには至らない人が多く見られると思います。会社に入ったときは、伝統的日本企業型の年功序列・終身雇用制度の論理で人財教育を施され、ある段階までは同期がほぼ横並びで昇格試験を受け、年齢相応に一本道の昇進階段を登っていく「本流」でいたいと考えていた人が多いと思います。

しかし、そのような旧来の日本型経営は終焉《しゅうえん》を迎えつつあり、もう後に戻ることはないでしょう。それに最初から染まっていない三〇代中心のY世代、その下のZ世代の一部は、むしろ私が本書で述べてきたような考え方を支持し、講演などでお話ししても、多様性のあるキャリア形成に強い興味を示してくださいます。

□「梯子型キャリア」と「ジャングルジム型キャリア」

多様性のあるキャリア形成については、米国の女性経営者であるシェリル・サンドバーグ（Sheryl Sandberg）氏が、ベストセラーになった著作『LEAN IN』のなかで、「梯子型キャリア」と「ジャングルジム型キャリア」の対比として紹介しています。この表現には非常に共感し、視界が開けた気がしました。第2章2項でご紹介したメンターからの教えの「これからの時代のキャリアは、富士山の登山ではなく連峰を登るのがいいんじゃない？」というアドバイスとも通じるものがあり、さらに確信を持って受け止めることができました。

「梯子型キャリア」は、一本の梯子を前の人のお尻を見ながら、後ろについて列をなして登っていくものです。他に方法はありませんから渋滞もしますし、下手をすると他人が脚を引っ張って落ちることも起こります。

梯子は一本しかないので、失敗したら再チャレンジの機会はなく、落ちたままでいるしかないのです。社会変革など外部環境の変化や、育児や介護といったライフステージの変化があったときにも、そこに所属していたければ止まることも逃げ道を探すこともできないのです。

さらに、もっと言うならば、最終ゴールに到達するのは一番前を登っているたった一人なので、自分が頂上に達する到達確率はきわめて低いのです。

一方、「ジャングルジム型キャリア」は、登るルートは一つではありませんから、色々な道を選ぶことができます。

失敗しても、他のルートから再チャレンジが可能であり、外部環境や、ライフステージの変化にも対応しやすい特長があります。

何より、ジャングルジムは頂上が広いですから、様々なゴールを目指すことができますし、到達する確率も高まります。

ここで大事になってくるのは、頂上への登り方を自分で決められる分、到達点をしっかり定めておくことです。それがキャリア形成であり、定めた目標が変更になるのは一向にかまいません。その自由さがジャングルジム型の長所です。

「キャリア形成とは言っても、定年が見えた五〇代からではもう遅い」というX世代の声が聞こえてきそうです。

梯子型キャリア

□垂直型のキャリア形成　□再チャレンジの機会が少ない
□外的要因の変化に対応しにくい　□ライフステージの変化に対応しにくい
□最終目的に達する確率が低い

ジャングルジム型キャリア

□水平クロス型のキャリア形成　□他のやり方で再チャレンジできる
□外的要因の変化に対応しやすい　□ライフステージの変化に対応可能
□最終目的に達する確率が高い

たしかに五〇代から、まったく新規のキャリアを一から形成するのは難しいかもしれません。しかし、これまで積み重ねてきた「キャリア」は、どんな形であれ、誰にでもあるはずです。昨今「学び直し（リスキリング）」がさかんに言われています。確かにそのようなことが必要な場合もあるかもしれませんが、すでに積み重ねてきたキャリアから得た「普遍解（普遍的なセオリーやノウハウ）を違う分野の業務に応用する」というチャンスは充分あり得ると思います。

今では政府が旗を振って、六五歳以降についても年齢にかかわらず意欲と能力に応じて働き続けられることを推奨する時代になっています。これまでに積み上げたキャリアにさらにもう一五年、二〇年と積み上げるなら、自分にあった多様性のあるキャリアや働き方を目指したいものです。今の仕事の延長でも、隣接した分野の業種に再チャレンジするのもありではないかと思います。

「X世代」が活躍することもダイバーシティであり、何歳であろうとどんな立場であろうと、これこそ自分の仕事に対する究極の「自分ごと化」であり、その実践だと思います。

□ 伝統的な「守・破・離」の精神で向き合おう

とはいえ、なかなか「当事者意識」を持てず、「自分ごと」として仕事に取り組むのは難しいという方も多いでしょう。

また、「他人ごとでいい」と思い込んでしまっている部下やチームメンバーに、どのように指導したらいいかは、かなり多くのマネジメント職の方の抱える悩みでもあると思います。

ここまで、「出る杭」となることを推奨する社内風土づくりや、「会議での発言」や「自分ごと化トレーニング」を習慣化することなどにも触れてきました。いずれのポジティブアクションも、「ハードルが高い」という方もあろうかと思います。

そのような場合、部下やメンバーがどの成長ステージにあるかをまずはしっかり把握することが必要です。その上で、部下やチームメンバーの指導に関して私がずっと心がけ、実践してきたことを紹介したいと思います。

ごく当たり前のことと思われるかもしれませんが、「部下やチームメンバーの成長ステージにあわせて、指導やサポートの方法を変える」ということです。それにより部下やメンバーが「当事者意識」を持って自立し、自発的に仕事をするようになることを実感してきました。当社の社内研修でも、部下を持つリーダー達にはそれを伝えるようにしています。

その手法には二つあり、歴史が教える指導法の基本としてよく知られています。

名言として、様々な本にも取り上げられています。

「やってみせ、言って聞かせて、させてみて、褒めてやらねば、人は動かじ。話し合い、耳を傾け、承認し、任せてやらねば、人は育たず。やっている、姿を感謝で見守って、信頼せねば、人は実らず」

「守（型を守る）・破（型を破る）・離（型から離れる）」

前者は、米沢藩改革を行なった、江戸時代屈指の名君・上杉鷹山《うえすぎようざん》（一七五一〜一八二二）の言葉を元に、大日本帝国海軍の連合艦隊司令長官・山本五十六《やまもといそろく》（一八八四〜一九四三）が指導法の基本として語ったことで有名になりました。

後者の**「守・破・離」**は、戦国時代から安土桃山時代の茶人である千利休《せんのりきゅう》（一五二二〜一五九一）の**「規矩《きく》作法　守り尽くして破るとも　離るるとても本《もと》を忘るな」**という茶道の基本的な心得を語った言葉に由来しています。後世、武道や芸能、現在ではスポーツなどの分野の指導法としても定着しています。

山本長官と利休の言葉は、表現こそまったく違いますが、

◇最初は仕事の「基本の型」を丁寧に、密に指導する（「守」）

◇基本の型を身につけると、本人に欲が出て応用編に挑む（「破」）

◇いずれは自立して「自分ごと」としての仕事をする（「離」）

というステップを踏んだ指導の考え方に依拠していると思われます。

基本的な仕事の型ができていない部下やメンバーに、いきなり応用編の仕事を与えたり、自立・自発的な仕事を要求しても、まったく無理な話です。それではたいがい失敗しますし、そうなると仕事が楽しくなくなります。

仕事が楽しくないと、ポジティブアクションは生まれませんので、「自分ごと」として仕事に取り組むのは難しくなってしまうでしょう。

大切なのは、**部下が完全に自立して、自発的に仕事に取り組める「離」の状態になるまで、適切な距離感でサポートをしていく**ことです。自転車の乗り方を教える際に、最初は補助輪をつけて、その後は後ろから手で支えて押しながら、最後は手を放して自力で走っていくのを見守るような、そんな指導法が大切だと思います。「離」の状態になれば、まるで自転車に乗れたような感覚で楽しく仕事に取り組め、自発的なポジティブアクションがどんどん生まれてくるはずです。

今述べたことは、多くの方々が効果を実感されたので、長きにわたり語り継がれ、実践されてきていると思います。

部下やメンバーが「自分ごと化」して仕事に取り組むことにつながる指導法として、ぜひお試しいただきたいですし、若い世代や部下のいない方は自分自身の「成長のチェック」の指標とされてはどうでしょう。

何よりも、私が本書で述べてきた新人時代からの歩みが、「守・破・離」になっていることを改めて実感しています。

□キャリアのルートもゴールも一つではない

アサヒバイオサイクル株式会社でも、男性・女性に関係なく、介護や育児など様々な事情を抱えるメンバーは多くいます。

キャリア形成の間には、結婚、出産、育児などのライフイベントが訪れ、また、もしかしたら長く治療を要する病気と向き合いながら仕事をしなければならないことなども起こり得るでしょう。

私は、社内研修などをする際、メンバーたちには、ぜひ「ジャングルジム型キャリア」の思考を持ってもらいたいとすすめています。そして、自分のなかでジャングルジムの支柱となる複数の「強み」を形成しながら、梯子とは異なった、倒れにくいキャリアを築いていってほしいと願っています。

変化の激しい時代だからこそ、**キャリアに対する考え方を狭めずに、「登るルートも目指すゴールも、一つだけではない」と考えれば、様々なチャレンジができる**

環境が企業にも整いつつあると思います。

そうして様々なチャレンジをしていく過程で、「自分ごと化」したポジティブアクションを起こすこと、起こし続けること。それが、何より自分のキャリアの「ジャングルジム」を登る上での原動力になると考えています。

私は経営学者やビジネススキルの専門家ではないので、自分が経験的に学んだこと、感じたこと、行動に移していった事例などを中心に、「自分ごと化」をキーワードにつづってきました。

「自分ごと化」の視点で物事を考え、ポジティブアクションを起こすことは、自分を取り巻く様々な存在とのギャップを埋め、より良くしようという思いで工夫や努力をすることですから、必ずや好循環が起きるきっかけになっていくと思います。

会社組織のなかで「自分ごと」でポジティブアクションを起こすことは、もしかしたら周囲からは「出る杭」と見られてしまうこともあるかもしれません。しかしながら「やらないで後悔するより、やって失敗した方が良い」というぐらいに思って、一歩踏み出す勇気を持ちたいものです。

私の拙い経験からではありますが、先手、先手で能動的に動いた場合は、実は大失敗する確率は低いのではないかと思っています。なぜならば、多くのことが主導的に進められるので、先が読めて様々なリスク対応などもしやすいためです。そして、たとえ失敗したとしても、必ずそこから学ぶことはあり、次の成功や成果につながるヒントが得られると思います。

今は多様性のあるキャリアを選べる時代です。チャレンジしながら、自分ならではのキャリアのあり方を探求していくことが大切だと思います。

こうして書いてきた私自身が、「自分ごと化」を心掛けながら仕事を続け、まだまだ道の途中です。この本を読んでくださったみなさんと、『自分ごと化』して頑張ってきて良かった」と一緒に喜びあえる未来のために、私もさらに精進していきたいと思います。

アサヒグループ関連ＨＰの紹介

● **アサヒグループホールディングス株式会社**
https://www.asahigroup-holdings.com

● **同上（マテリアリティ・KPI）**
https://www.asahigroup-holdings.com/sustainability/strategy/materiality/index.html

● **アサヒビール株式会社**
https://www.asahibeer.co.jp

● **アサヒ飲料株式会社**
https://www.asahiinryo.co.jp/index.psp.html

● **アサヒグループ食品株式会社**
https://www.asahi-gf.co.jp

● **アサヒバイオサイクル株式会社**
https://www.asahibiocycle.com/ja/

【著者紹介】

千林紀子（ちばやし・のりこ）

神奈川県横須賀市生まれ。早稲田大学第一文学部卒業後、アサヒビール㈱入社。スーパードライブランドマネージャー、飲料、食品事業会社のマーケティング部長を歴任。アサヒグループホールディングス㈱にてM&A業務を経て、カルピス㈱に出向。2017年アサヒカルピスウェルネス㈱（現、アサヒバイオサイクル㈱）代表取締役社長就任。アサヒグループのバイオ技術で、世界の農業・畜産・環境分野の課題解決に挑むビジネスを手掛けている。

仕事の成果が上がる「自分ごと化」の法則

2023年4月28日　初版第1刷発行

著　者　千林紀子

発行者　松信健太郎

発行所　株式会社 有隣堂

本　社　〒231-8623 横浜市中区伊勢佐木町1-4-1

出版部　〒244-8585 横浜市戸塚区品濃町881-16

電話 045-825-5563　振替 00230-3-203

印刷所　株式会社堀内印刷所

© Noriko Chibayashi 2023 Printed in Japan

ISBN978-4-89660-241-8　C0034

※定価はカバーに表示してあります。本書の無断複製（コピー・スキャン・デジタル化等）は著作権法で認められた場合を除き、禁じられています。

※落丁・乱丁本の場合は弊社出版部（☎045-825-5563）へご連絡下さい。送料弊社負担にてお取り替えいたします。